Verena Euler
Heinz-Lothar Worm

Deutsch an Stationen

Übungsmaterial zu den Kernthemen der Bildungsstandards

Klasse 9

Auer Verlag

Die Herausgeber:

Marco Bettner: Rektor als Ausbildungsleiter, Haupt- und Realschullehrer, Referent in der Lehrerfort- und Lehrerweiterbildung

Dr. Erik Dinges: Rektor einer Förderschule für Lernhilfe, Referent in der Lehrerfort- und Lehrerweiterbildung

Die Autoren:

Verena Euler: Fachlehrerin für Deutsch und Arbeitslehre an Haupt- und Realschulen

Dr. phil. habil. Heinz-Lothar Worm: Grund-, Haupt-, Real- und Förderschullehrer, Dozent, zahlreiche Veröffentlichungen

Gedruckt auf umweltbewusst gefertigtem, chlorfrei gebleichtem und alterungsbeständigem Papier.

1. Auflage 2012
Nach den seit 2006 amtlich gültigen Regelungen der Rechtschreibung.

Illustrationen: Stefan Leuchtenberg, Steffen Jähde
Satz: Satzpunkt Ursula Ewert GmbH, Bayreuth
Druck und Bindung: Druckerei Joh. Walch GmbH & Co. KG, Augsburg
ISBN 978-3-403-**06881**-5

www.auer-verlag.de

Inhaltsverzeichnis

Vorwort

Bei den vorliegenden Stationsarbeiten handelt es sich um eine Arbeitsform, bei der unterschiedliche Lernvoraussetzungen, unterschiedliche Zugänge und Betrachtungsweisen und unterschiedliche Lern- und Arbeitstempi der Schüler[1] Berücksichtigung finden. Die Grundidee ist, den Schülern einzelne Arbeitsstationen anzubieten, an denen sie gleichzeitig selbstständig arbeiten können. Die Reihenfolge des Bearbeitens der Einzelstationen ist dabei ebenso frei wählbar wie das Arbeitstempo und meist auch die Sozialform. Vorschläge der Autoren werden durch ein entsprechendes Symbol gekennzeichnet:

 Einzelarbeit  Partnerarbeit  Gruppenarbeit

Als dominierende Unterrichtsprinzipien sind bei allen Stationen die Schülerorientierung und Handlungsorientierung aufzuführen. Schülerorientierung bedeutet, dass der Lehrer in den Hintergrund tritt und nicht mehr im Mittelpunkt der Interaktion steht. Er wird zum Beobachter, Berater und Moderator. Seine Aufgabe ist nicht das Strukturieren und Darbieten des Lerngegenstandes in kleinsten Schritten, sondern durch die vorbereiteten Stationen eine Lernatmosphäre zu schaffen, in der Schüler sich Unterrichtsinhalte eigenständig erarbeiten bzw. Lerninhalte festigen und vertiefen können.

Handlungsorientierung bedeutet, dass das angebotene Material und die Arbeitsaufträge für sich selbst sprechen. Der Unterrichtsgegenstand und die zu gewinnenden Erkenntnisse werden nicht durch den Lehrer dargeboten, sondern durch die Auseinandersetzung mit dem Material und die eigene Tätigkeit gewonnen und begriffen.

Ziel der Veröffentlichung ist, wie bereits oben angesprochen, das Anknüpfen an unterschiedliche Lernvoraussetzungen der Schüler. Jeder Einzelne erhält seinen eigenen Zugang zum inhaltlichen Lernstoff. Die einzelnen Stationen ermöglichen das Lernen mit allen Sinnen bzw. den verschiedenen Eingangskanälen. Dabei werden sowohl visuelle (sehorientierte) als auch haptische (fühlorientierte) sowie intellektuelle Lerntypen angesprochen. An dieser Stelle werden auch gleichermaßen die Brunerschen Repräsentationsebenen (enaktiv bzw. handelnd, ikonisch bzw. visuell und symbolisch) mit einbezogen. Aus Ergebnissen der Wissenschaft ist bekannt: Je mehr Eingangskanäle angesprochen werden, umso besser und langfristiger wird Wissen gespeichert und damit umso fester verankert.

Das vorliegende Arbeitsheft unterstützt in diesem Zusammenhang das Erinnerungsvermögen, das nicht nur an Einzelheiten und Begriffe geknüpft ist, sondern häufig auch an die Lernsituation.

Folgende Inhalte des Deutschunterrichts werden innerhalb der verschiedenen Stationen behandelt:

- Richtiges und angemessenes Schreiben
- Fachwissen anwenden
- Bewerbung schreiben
- Kreativ mit Texten umgehen
- Sachliche und informierende Texte
- Gut begründen

[1] Wenn in diesem Buch von Schüler gesprochen wird, ist auch immer die Schülerin gemeint. Ebenso verhält es sich mit Lehrer bzw. Lehrerin etc.

Materialaufstellung und Hinweise zu den einzelnen Stationen

Richtiges und angemessenes Schreiben

Die Seiten 9 bis 19 sind in entsprechender Anzahl zu vervielfältigen und den Schülerinnen und Schülern bereitzulegen. Als Möglichkeit zur Selbstkontrolle können Lösungsseiten zur Verfügung gestellt werden.

Seite 9	Station 1:	**Nominalstil**
Seite 10	Station 2:	**Umformuliert!**
Seite 11	Station 3:	**Gemischt – groß/klein?:** Zwei Farbstifte (grün und blau) werden benötigt.
Seite 12	Station 4:	**Gemischt – getrennt/zusammen?:** Liniertes Papier wird benötigt.
Seite 13	Station 5:	**Kommasetzung wiederholen**
Seite 14	Station 6:	**Spiel „*Das-/Dass*-Coaching“:** 27 laminierte Spielkarten werden benötigt.
Seite 16	Station 7:	**Fehlern auf der Spur:** Ein Farbstift und ein Lineal werden benötigt.
Seite 17	Station 8:	**Spiel „Lektor gesucht!“:** Zwei laminierte „Ja“-Karten und zwei laminierte „Nein“-Karten werden benötigt. Außerdem werden ein Zeitmesser (Stoppuhr) und 30 laminierte Spielkarten benötigt.

Fachwissen anwenden

Die Seiten 20 bis 31 sind in entsprechender Anzahl zu vervielfältigen und den Schülerinnen und Schülern bereitzulegen. Als Möglichkeit zur Selbstkontrolle können Lösungsseiten zur Verfügung gestellt werden.

Seite 20	Station 1:	**Spiel „Ausdruck-Trainer“:** Zwei laminierte Spielerkarten, zwei Folienstifte, ein Küchentuch und eine laminierte Kontrollkarte werden benötigt.
Seite 22	Station 2:	**Begriffe aus dem literarischen Bereich**
Seite 23	Station 3:	**Sprachlich-stilistische Mittel wiederholen**
Seite 24	Station 4:	**Lyrische Stilmittel wiederholen**
Seite 25	Station 5:	**Sprachlich-stilistische Mittel im Gedicht**
Seite 26	Station 6:	**Spiel „Bildhaft ausdrücken – Redewendungen“:** Zwei Spielfiguren, ein laminierter Spielplan und 24 laminierte Fragekarten mit Lösung werden benötigt.
Seite 28	Station 7:	**Erzählperspektive erkennen**
Seite 29	Station 8:	**Textsorte erkannt?**

Bewerbung schreiben

Die Seiten 32 bis 40 sind in entsprechender Anzahl zu vervielfältigen und den Schülerinnen und Schülern bereitzulegen. Als Möglichkeit zur Selbstkontrolle können Lösungsseiten zur Verfügung gestellt werden.

Seite 32	Station 1:	**Praktikumsplatz suchen:** Liniertes Papier wird benötigt.
Seite 33	Station 2:	**Bewerbungsanschreiben:** Für jeden Schüler wird liniertes Papier oder ein Computer benötigt.
Seite 34	Station 3:	**Lückenloser Lebenslauf:** Für jeden Schüler wird ein Computer benötigt.
Seite 35	Station 4:	**Online-Bewerbung:** Ein Lineal zum Markieren wird benötigt.
Seite 36	Station 5:	**Besser formuliert!**
Seite 37	Station 6:	**Bewerbungen auswählen**
Seite 38	Station 7:	**Stellenanzeigen genau lesen!:** Für jeden Schüler wird ein Computer oder weißes DIN-A4-Papier benötigt.
Seite 39	Station 8:	**Spiel „Bewerbungscoach“:** Zwei laminierte Spielerkarten, zwei Folienstifte, ein Küchentuch, 21 laminierte Fragekarten und ein laminierter Kontrollstreifen werden benötigt.

Kreativ mit Texten umgehen

Die Seiten 41 bis 48 sind in entsprechender Anzahl zu vervielfältigen und den Schülerinnen und Schülern bereitzulegen. Als Möglichkeit zur Selbstkontrolle können Lösungsseiten zur Verfügung gestellt werden.

Seite 41	Station 1:	**Interview durchführen:** Liniertes Papier wird benötigt.
Seite 42	Station 2:	**Ein Bild dialogisieren:** Liniertes Papier wird benötigt.
Seite 43	Station 3:	**Inneren Monolog schreiben**
Seite 44	Station 4:	**Tagebucheintrag verfassen:** Liniertes Papier wird benötigt.
Seite 45	Station 5:	**Brief formulieren:** Liniertes Papier wird benötigt.
Seite 46	Station 6:	**Ein Gedicht sprachlich modernisieren:** Liniertes Papier wird benötigt.
Seite 47	Station 7:	**Lyrik szenisch interpretieren:** Liniertes Papier wird benötigt.
Seite 48	Station 8:	**Lyrische Kleinformen wiederholen**

Sachliche und informierende Texte

Die Seiten 49 bis 58 sind in entsprechender Anzahl zu vervielfältigen und den Schülerinnen und Schülern bereitzulegen. Als Möglichkeit zur Selbstkontrolle können Lösungsseiten zur Verfügung gestellt werden.

Seite 49	Station 1:	**Tagesbericht:** Ein Lineal und liniertes Papier werden benötigt.
Seite 50	Station 2:	**Tätigkeiten mit Fachbegriffen beschreiben**
Seite 51	Station 3:	**Form und Sprache des Stundenprotokolls:** Ein Lineal und liniertes Papier werden benötigt.
Seite 52	Station 4:	**Gitternetz zum Protokoll:** Zwei Buntstifte werden benötigt.
Seite 53	Station 5:	**Textaufgaben zu einem Sachtext**
Seite 55	Station 6:	**Karikatur verstehen und deuten**
Seite 56	Station 7:	**Bezug zwischen Text und Karte:** Ein Bleistift und ein Atlas werden benötigt.
Seite 58	Station 8:	**Umwandlung – Text in Schaubild:** Kariertes Papier, ein Lineal und ein Bleistift werden benötigt.

Gut begründen

Die Seiten 59 bis 66 sind in entsprechender Anzahl zu vervielfältigen und den Schülerinnen und Schülern bereitzulegen. Als Möglichkeit zur Selbstkontrolle können Lösungsseiten zur Verfügung gestellt werden.

Seite 59	Station 1:	**Pro und Kontra**
Seite 60	Station 2:	**Passende Argumente finden**
Seite 61	Station 3:	**Standpunkte analysieren:** Liniertes Papier wird benötigt.
Seite 62	Station 4:	**Standpunkte vertreten:** Liniertes Papier wird benötigt.
Seite 63	Station 5:	**Fehlerhafter Leserbrief:** Liniertes Papier und ein Lineal werden benötigt.
Seite 64	Station 6:	**Leserbriefe vergleichen:** Liniertes Papier wird benötigt.
Seite 65	Station 7:	**Einen Leserbrief schreiben**
Seite 66	Station 8:	**Spiel „Meinungsbildungsexperte“:** Es werden 15 laminierte Karten in zweifacher Ausführung benötigt. Außerdem werden eine Kontrollkarte und eine Stoppuhr benötigt.

Laufzettel

für ______________________________

Pflichtstationen

Stationsnummer	erledigt	kontrolliert
Nummer _____		
Nummer _____		
Nummer _____		
Nummer _____		
Nummer _____		
Nummer _____		
Nummer _____		
Nummer _____		
Nummer _____		

Wahlstationen

Stationsnummer	erledigt	kontrolliert
Nummer _____		
Nummer _____		
Nummer _____		
Nummer _____		
Nummer _____		

Name: ______

Nominalstil

Aufgabe:

Max hat viele Verben zu Substantiven gemacht und ist der Stilkrankheit „Nominalstil“ zum Opfer gefallen. Wandle die folgenden Formulierungen vom Nominalstil in den Verbalstil um.

① Die restlichen Kirschen fanden auch ihre Verwendung. (nominal)

______ (verbal)

② Sie brachten ihr Anliegen zur Sprache. (nominal)

______ (verbal)

③ Das Aussetzen von Tieren sollte strenger bestraft werden. (nominal)

______ (verbal)

④ Nach dem Verstoßen gegen eine Klassenregel erfolgt eine Strafarbeit. (nominal)

______ (verbal)

⑤ Die Durchführung dieses Experiments ist für Schüler äußerst spannend. (nominal)

______ (verbal)

⑥ Nach dem Übertreten der Linie durch einen Spieler wird der Ball neu eingeworfen. (nominal)

______ (verbal)

⑦ Die Lehrer planen die Einrichtung eines neuen Werkraums im Neubau. (nominal)

______ (verbal)

⑧ Eine Rückerstattung der Fahrtkosten ist nicht möglich. (nominal)

______ (verbal)

⑨ Zur Vertiefung des Lernstoffs findet eine regelmäßige schriftliche Kontrolle statt. (nominal)

______ (verbal)

⑩ Später nahmen die Schüler auch das Herz des Schweins in Bearbeitung. (nominal)

______ (verbal)

Station 2

Name: ______

Umformuliert!

Aufgabe:

Lies dir die Sätze durch und unterstreiche die Fehler. Korrigiere die Sätze und schreibe die Lösung auf die Linien.

① *In der Kurzgeschichte „Nasen kann man so und so sehen", geschrieben von Ingrid Kötter, handelt es von einem 14-jährigen Mädchen namens Irina, die sich für ihre große Nase schämt, (…)*

______

______

② *Jana hat große Vorwürfe gegenüber sich selbst.*

______

③ *Er kann seine eigene Lüge, die er erfunden hat, nicht mehr ausstehen.*

______

④ *Er hat William Shakespeare an die Leinwand geworfen und zitiert: „Sein oder Nichtsein, das ist hier die Frage!"*

______

⑤ *Von dieser Idee war die ganze Mannschaft übernommen.*

______

⑥ *Die Geliebte will sich letztendlich von ihrem Geliebten losscheiden, da er seine Ehefrau nie für sie verlassen wird.*

______

______

⑦ *Sie führte erneut einen Monolog mit ihrer besten Freundin.*

______

⑧ *Das rosane Kleid finde ich besser wie das Weiße.*

______

⑨ *Lese den Text und bereite als Einzigster ein Referat zum Thema „Sturm und Drang" vor.*

______

Station 3

Gemischt – groß/klein?

Name: ______________________

Aufgabe:

Schreibt man das Wort, das in GROSSBUCHSTABEN gedruckt ist, groß oder klein? Male die Felder in unterschiedlichen Farben aus.
Großschreibung: blau **Kleinschreibung:** grün

Sie wohnen an der SPANISCHEN Grenze.	In Tunesien kannst du dich mit FRANZÖSISCH verständigen.	Der NÄCHSTE bitte!
Nur WENIGE kennen die ganze Wahrheit.	Sie hat das gewisse ETWAS.	Christina war die ERSTE auf dem Spielfeld.
Alle haben aus dem Kurs viel NÜTZLICHES mitgenommen.	Es ist am BESTEN, wenn man seine Meinung sagt.	Es ist gleich halb ZEHN.
Jeder ACHTE hat dagegen gestimmt.	Diese Maßnahme wird nicht in BETRACHT kommen.	Das GRÜN an der Wand erzeugt eine angenehme Ruhe.
An diesem Morgen kam wieder VIELES zusammen.	Er ist für seine Fans einfach die Nummer EINS.	Seine Glückszahl ist die FÜNFZEHN.
Unsere Nachbarin lud uns zu ihrem FÜNFZIGSTEN ein.	Was machen Sie immer SAMSTAGNACHMITTAGS?	Auf der Speisekarte stehen viele KULINARISCHE Köstlichkeiten.
Wir hörten ihr lautes LACHEN.	Zu einem BAYERISCHEN Bier gehören eine frische Brezel und knackige Weißwürste.	Lübeck ist bekannt für sein LÜBECKER Marzipan.

Station 4

Gemischt – getrennt/ zusammen?

Name: ______________________

Aufgabe:

Diktiert euch nacheinander die folgenden Sätze. Alle Fehler werden verbessert, gezählt werden aber nur Fehler der Getrennt- und Zusammenschreibung. Wer weniger Fehler hat, hat gewonnen.

① Mit diesem gewagten Outfit wollte sie bei den Gästen Aufsehenerregen/Aufsehen erregen.

② Wie kannst du dir bei dieser Sache so sichersein/sicher sein?

③ Du musst echt dichthalten/dicht halten und darfst mit niemandem darüber sprechen!

④ Mehrmals/Mehr mals hatten sie eine Zahlungsaufforderung geschickt bekommen.

⑤ Die Mädchen müssen sich für die Party schnell fertigmachen/fertig machen.

⑥ Viele kleine Muskeln werden beim Bauchtanzen/Bauch tanzen trainiert.

⑦ Der Praktikant hatte seinen Arbeitsauftrag nur halbwegs/halb wegs erledigt.

⑧ Die Frau möchte den Gartenzaun weißanstreichen/weiß anstreichen.

⑨ Nach der kurzen Nacht waren die Discobesucher garnicht/gar nicht müde.

⑩ Heute sind die Handwerker mit ihrer Arbeit vorwärtsgekommen/vorwärts gekommen.

⑪ Diese Nachricht ist brandaktuell/brand aktuell.

⑫ Um diese Uhrzeit scheint mir ein Salat leichterverdaulich/leichter verdaulich als eine Käsepizza.

⑬ Keiner kann beantworten, wielange/wie lange der Stau noch andauern wird.

⑭ Einige mussten sich bei diesem Anblick die Augen zuhalten/zu halten.

Name: ______________________

Kommasetzung wiederholen

Aufgabe:

Setze in den folgenden Text alle fehlenden Kommas ein.

Steven ein amerikanischer Austauschschüler kam für fünf Wochen in meine Klasse. Bereits am ersten Tag hatte er unter den Mädchen viele Groupies gewonnen. Die Anzahl seiner weiblichen Fans erhöhte sich als diese erfuhren dass er neben seinem guten Aussehen angeblich auch noch hervorragend singen könne. Steven erzählte dass er schon im Alter von sechs Jahren mit dem Singen und dem Spielen von verschiedenen Instrumenten insbesondere der Gitarre angefangen habe. Natürlich bestanden alle darauf dass er uns eine kleine Kostprobe von seinem Können gibt. In der großen Pause versammelte sich um ihn herum eine große Schülertraube die gebannt auf die ersten Töne wartete. Steven der eigentlich von seiner Statur her eher zierlich gebaut war entpuppte sich als Rockröhre. Alle Schüler und sogar ein paar Lehrer klatschten und bejubelten seinen Kurzauftritt. Frau Meyer-Hagen die als konservativ und streng gilt fühlte sich in alte Zeiten versetzt und wippte mit dem Kopf im Takt. Nach der musikalischen Einlage kämpfte sich unser Musiklehrer Herr Geigemann durch die tobenden und applaudierenden Schüler und fragte Steven ob er am Schulball der jedes Jahr am Ende des Schuljahres stattfindet auftreten möchte. Steven sagte zu. Die letzten Wochen waren sehr arbeits- und lernintensiv und vergingen wie im Flug. Endlich war das Ende des Schuljahres dem die Schüler und auch Lehrer entgegenfieberten da. Den Abschluss bildete der Schulball auf den sich Steven mit drei Rocksongs längst vorbereitet hatte. Für ihn war es auch der vorletzte Abend vor seinem Rückflug nach Ohio. Mit Vorfreude seine Familie wiederzusehen und als Dankeschön für seine neuen Freunde in Deutschland rockte er die gesamte Schulaula. Dafür erntete er viel Beifall auch von Schülern die sich eher der House- oder Hip-Hop-Szene verschrieben hatten. Obwohl Steven ein talentierter Musiker ist hat er schon längst beschlossen dass er sein Hobby nicht zum Beruf machen möchte sondern andere Ziele in seinem Leben anstrebt. Er will soweit es im Rahmen seiner Möglichkeiten liegt Medizin studieren und nach Afrika gehen und zwar nach Botswana. Dort lebt ein Großteil der Bevölkerung mit der tödlichen Krankheit Aids. Bereits Säuglinge werden mit diesem Virus geboren weil ihre Mütter infiziert sind. Doch egal wohin es Steven auch ziehen mag die Rockmusik wird ihn stets begleiten.

Station 6

Name: ___________

Spiel „*Das-/Dass*-Coaching"

Spielanleitung:

- zwei Spieler
- 27 Spielkarten

Die 27 Spielkarten liegen verdeckt auf einem Stapel. Der jüngere Spieler beginnt. Er bekommt von seinem Mitspieler den Satz auf der obersten Karte vorgelesen. Nun muss er entscheiden, ob ***das*** oder ***dass*** an der entsprechenden Stelle steht. Für die richtige Antwort erhält der Spieler die Karte. Bei Sätzen, die mehrere ***das*** bzw. ***dass*** enthalten, müssen alle richtig genannt werden. Gewonnen hat derjenige, der am Schluss die meisten Karten hat.

Urlaub ohne Eltern bedeutet nicht zwingend, **dass** man allein in die Ferien fährt.	Unnötige Fettreserven führen häufig dazu, **dass** zu viel Zucker und Fett im Blut schwimmen.	Melly hatte Angst, **dass** ihre Freundin ihr **das** nie verzeihen würde.
Das kannst du nicht einfach so entscheiden!	**Das** ist mir im Moment gleichgültig, **dass** du wegen des Gesprächs deinen Anschlusszug verpasst.	Das Entscheidende ist, **dass** du dir selbst treu bist.
Das Grundstück, **das** sie sich gestern angesehen haben, werden sie kaufen.	**Dass** die Lebensmittel immer teurer werden, **das** trifft besonders die Menschen aus den sozial schwachen Schichten.	Tobias genießt es, **dass** ihm beim Kurzvortrag einmal alle zuhören.
Dass das so kommen musste, damit hatte das Fußballteam schon gerechnet.	Sie dachte sich **das**, aber sie sprach es nicht laut aus.	Ihr sollt euch **das** nicht zweimal sagen lassen!

Name: ____________

Spiel „*Das-/Dass*-Coaching“

Er ist enttäuscht, **dass** er **das** Ticket unter dem Einkaufspreis verkauft hat.	In seinen Augen hat er **das** Vorstellungsgespräch gut bewältigt.	Der Gast fand **das** Steak sehr saftig und zart.
Darf ich vorstellen: **Das** ist meine Freundin aus Brasilien.	Sie überließ **das** Putzen, Kochen und Bügeln ihrem Hausmädchen.	Die Bewährungshelferin gibt zu bedenken, **dass** er sich einiges von dem Haftrichter anhören müsse.
Ihr sprecht in der Sendung nachher einfach so, wie ihr **das** sonst auch tut.	Oft wird vergessen, **dass das** Telefonieren mit dem Handy viel Geld verschlingen kann.	**Das** ist nicht meine Cousine Liza aus Spanien.
Bevor ich gehe, muss ich noch schnell **das** Kleid bügeln.	In Babylon wollten die Menschen vor langer Zeit ein Bauwerk errichten, **das** bis in den Himmel reichen sollte.	Sprachforscher schätzen, **dass** etwa alle zwei Wochen eine Sprache stirbt.
Dass er für seine Taten von der Schule verwiesen wurde, empfand das Opfer als gerechte Strafe.	Anastasia ist so stark geschminkt, **dass** ich sie kaum wiedererkenne.	Ein Mädchen, **das** er noch nie zuvor gesehen hatte, betrat den Raum.

Station 7

Fehlern auf der Spur

Name: ______________________

Aufgabe:

Lies dir den Text durch und unterstreiche alle Fehler farbig. Verbessere die Fehler in deinem Heft.

Tante Heliodore und das Fußballspiel

Yannick ist bei Tante Heliodore der Großtante seiner Mutter, zu Besuch. Er will unbedingt die Fernseeübertragung eines Fußballspiels sehen. Tante Heliodore stimmt dem Wunsch seuftzend zu, denn sie interessiert sich nicht für diesen Mannschaftssport.
„Sag mal, Yannick, du kennst dich wirklich mit den Spielregeln aus? Bei so einem komplizierten Spiel wie Fussball?“ – „Aber das ist doch gar nicht schwer, Tante Heliodore. Sowas lernt man doch schon in die Schule.“ – „Höchst erstaunlich! Wie sich doch die Zeiten geändert haben. Wir haben damals zum Beispiel gelernt, wer die Türken bei Wien geschlagen hat,“ erinnert sich die Tante. „Ehrlich? Die Türken bei Wien? Wann soll denn das gewesen sein? Ich kann mich gar nicht erinnern, dass die im Halbfinahle waren?“ Glücklich sagt Tante Heliodore: „Ein Leben lang habe ich darauf gewartet, dass mir jemand erklärt, warum da so viele Männer auf dem Platz herum laufen.“ – „Also, pass mal auf, Tante Heliodore …“ – „Dieser junge Mann da, der hatt jetzt den Ball und rollt ihn mit seinem Fuß.“ – „Ja, das ist der Mittelstürmer.“ – „Erklär mich doch bitte, Yannick, warum er den Ball nicht in die Hand nimmt. Ihn immer mit den Füßen herum zu kollern, dass muss doch ziehmlich Anstrengend sein. Ich stelle mir vor, ich müsste das …“ – „Aber Tante, wenn er das macht, dann gibt es ein Elfmeter!“ – „Elfmeter? Interessant! Was ist denn dass?“ – „Beim Elfmeter darf der Spieler von elf Metern Entfernung aus auf das Tor schießen.“ – „Na, das ist doch wohl keine schwierigkeit. Da trifft er doch bestimmt. Der Ball soll doch in das Tor hinein, nicht wahr?“ – „Na ja, eigentlich schon, aber …“ – „Jetzt verstehe ich aber nicht, Yannick, warum der Mann der da im Tor steht den Ball nicht herein lässt.“ – „Das ist der Torwart.“ – „Torwart? Dann soll der Ball wohl doch nicht in das Tor hinein?“ – „Tante Heliodore, für die eine Mannschafft soll er in das Tor, für die andere nicht.“ – „Aha! Und wo hat diese eine Mannschaft Ihren Ball?“ – „Aber Tante, es gibt doch nur einen Ball im Spiel!“ – „Hm! Sie sind wohl zu arm, um eine zweiten Ball zu kaufen? Es wäre doch sinnvoll, wenn jede Mannschaft seinen Ball hätte.“ – „Beim Fußball gibt es nur einen Ball für zwei Mannschaften.“ – „Ich laße mich ja gerne belehren.“ – „Was macht denn da der Mann mit der Pfeife? Der läuft ja nur herum und spielt garnicht mit.“ – „Das ist der Schiedsrichter.“ – „Wie bitte? Ein Richter ist auch dabei?“ – „Ein Schiedsrichter, Tante Heliodore. Der pfeift das Spiel.“ – „Ein Richter! Und dann läuft er in kurtzen Hosen herum. Und pfeift auch noch. Nein, so etwas!“ – „Aber Tante, das ist doch nur der Schiedsrichter.“ – „Richter bleibt Richter! Welcher von den Männern ist denn der Verbrecher?“ – „Warum soll denn einer ein Verbrecher sein?“ – „Aber Yannick, wo ein Richter ist, da ist auch ein Verbrecher nicht weit. … Jetzt hat dieser Richter schonwieder gepfiffen!“ – „Das war eine Ecke.“ – „Verstehe. Der Mann muss in der Ecke stehn.“ – „Nein, Tante Heliodore, eine Ecke wird dann gegeben, wenn der Ball neben den Tor geschossen wird.“ – „Lieber Yannick, irgendwie ist das alles ziemlich Konfus. Der eine soll ins Tor schießen, aber der andere will das nicht. So ein armer Spieler muss einem doch leid tuen. Schießt er ins Tor, dann ist ihm der Mann im Tor böhse. Schießt er da neben, dann muss er in die Ecke. Und einen Richter haben Sie auch schon gleich dabei. Äußerst unangenehm! Und so etwas merkwürdiges gefällt den Leuten?“

Station 8

Name: ____________________

Spiel „Lektor gesucht“

Spielanleitung:

- zwei Teams aus je zwei Spielern (insgesamt vier Personen)
- zwei laminierte „Ja“-Karten und zwei laminierte „Nein“-Karten
- Sanduhr / Stoppuhr
- 30 Spielkarten

Die 30 Spielkarten liegen verdeckt auf einem Stapel. Ein Partnerteam beginnt und nimmt die erste Karte vom Stapel. Die Karte wird in die Tischmitte gelegt. Dann haben beide Teams eine Minute lang Zeit, zu überlegen, ob der vorgegebene Satz Fehler enthält oder nicht. Entsprechend zeigen sie dem Gegenteam nach Ablauf der Zeit die „Ja“- oder die „Nein“-Karte. Das Herumdrehen geschieht gleichzeitig. Anschließend werden die Fehler benannt und verbessert. Das Team, das die Fehler richtig erkannt hat, bekommt die Karte. Das Team, das am Ende mehr Karten erspielt hat, hat gewonnen.

Ja	Nein

Immer wieder von neunem schilderte er dem Kommissar den Tathergang in allen Einzelheiten.	Bevor die Sängerin eintraf, mussten die Fans mit einer Vorgruppe Vorlieb nehmen.
Bis Heute Mittag werde ich noch viel Interessantes vom Hochsitz aus beobachten.	Wir aßen, obwohl wir keinen Hunger hatten, den ganzen Teller leer.
Die alte Dame ist in ihrem Hof schwergefallen.	Am Samstag Nachmittag gegen fünfzehn Uhr trifft sich Lisa mit ihrem Freund.

Station 8

Name: ______

Spiel „Lektor gesucht“

Das Reisen wird immer einfacher und bequehmer.	Im Hellen ist der Fleck kaum erkennbar.
Marie soll bis morgen einen zweiseitigen Aufsatz schreiben.	Sein Fuß schwoll an, nachdem er mit dem Snowboard gestürzt war.
Bei diesem schlechten Wetter mag ich garnicht aus dem Haus gehen.	Im großen und ganzen sind sie mit der momentanen Wohnsituation zufrieden.
Der Bericht „Blaue Engel“ geschrieben von Birte Mosch teilt meine Ansicht über die Arbeit der Polizei.	Eine schlechte Bezahlung ist aber nicht der einzigste Nachteil.
Fachkenntnisse sind für den Gebrauch bei Medien von Vorteil.	Man kann kaum noch unterscheiden, was für Wörter aus dem Englischen stammen.
Durch den kontinuierlichen Gebrauch einer Sprache kann man sich immer mehr auf dieser unterhalten.	Lina hat in ihrer neuen Schule schon ein Paar nette Bekanntschaften gemacht.

Spiel „Lektor gesucht“

Name: ____________

Felix hat beim Rennen einen guten Platz belegt, nämlich den fünften.	Er kam nicht darauf sich zu entschuldigen.
Wir hatten keine Wahl, außer abzuwarten.	Tina mag sowohl Fisch, als auch Fleisch.
Das stimmt nicht, das der Vogelstrauß nicht schnell laufen kann.	Schade, dass die Schulzeit doch sehr schnell vorbei ist.
Der Angeklagte versuchte den Tathergang zu berichten.	Dies Mal habe ich nichts zu den Äußerungen gesagt!
Irgendwie müssen die Biologen eine Lösung für dieses Problem finden.	Der Hund hat zweimal infolge den Parcours abgebrochen.
Durch den vielen Medienkonsum werden besonders die Kinder stark beansprucht.	Das Mädchen hatte schulterlange Haare und trug eine schwarze Sonnenbrille.

Station 1

Name: ______

Spiel „Ausdruck-Trainer“

Spielanleitung:

- zwei Spieler
- zwei laminierte Spielerkarten
- zwei Folienstifte und ein Küchentuch
- eine Kontrollkarte

Jeder Spieler nimmt eine Spielerkarte. Zeitgleich wird diese umgedreht. Jeder Spieler beantwortet die einzelnen Aufgaben. Wer zuerst fertig ist, ruft „Stopp“. Dann wird mit der Kontrollkarte kontrolliert. Wer die meisten Antworten richtig hat, gewinnt das Spiel.

Spielerkarte	
Wie lautet die Reimart für das Reimschema „abba“?	
Verschiedene Wörter mit gleicher oder ähnlicher Bedeutung nennt man:	
Eine epische Textsorte, die einen offenen Anfang und ein offenes Ende sowie einen Höhe- und Wendepunkt enthält:	
In Aussprache und Schreibung sind diese Wörter gleich, nicht aber in ihrer Bedeutung:	
Leser, Zuschauer, Zuhörer, die z. B. Texte lesen, sich Theaterstücke ansehen oder Musik hören, nennt man:	
In welcher Kurzform der Epik kommt ein Dingsymbol vor?	
Was sollen Fabeln und Parabeln beim Leser bewirken? Welche Funktion haben diese epischen Textsorten?	
Der Fachausdruck für „Mundart“ ist:	
Wie bezeichnet man die einzelnen Sachgebiete einer Zeitung, wie z. B. Politik oder Wirtschaft?	
Wörter, mit denen man Gegensätze ausdrücken kann, bezeichnet man als:	
Eine Kritik eines kulturellen Ereignisses, wie z. B. die Neuerscheinung eines Buches, vor allem in Zeitschriften und Zeitungen, nennt man:	
Wörter, die aus anderen Sprachen übernommen werden, sich aber in Aussprache, Schreibung und Grammatik dem Deutschen anpassen, heißen:	
Eine mündliche oder schriftliche Rede und Gegenrede, die zwischen zwei oder mehreren Personen geführt wird:	
Werden in einem Text besonders viele substantivierte Verben oder Zusammensetzungen verwendet, dann spricht man von diesem Stil:	
Wörtliche oder sinngemäße Wiedergabe von Aussagen aus einem Text, den man selbst nicht verfasst hat, nennt man:	
Wie bezeichnet man eine gegliederte Kurzfassung wichtiger Informationen auf einem DIN-A4-Blatt?	
Der Fachausdruck für die Einführung/den ersten Akt/das erste Bild in einem Drama heißt:	
Einen Versbruch oder Zeilensprung in einem lyrischen Text bezeichnet man als:	

Station 1

Name:

Spiel „Ausdruck-Trainer“

Kontrollkarte	
Wie lautet die Reimart für das Reimschema „abba“?	**Umarmender Reim**
Verschiedene Wörter mit gleicher oder ähnlicher Bedeutung nennt man:	**Synonyme**
Eine epische Textsorte, die einen offenen Anfang und ein offenes Ende sowie einen Höhe- und Wendepunkt enthält:	**Kurzgeschichte**
In Aussprache und Schreibung sind diese Wörter gleich, nicht aber in ihrer Bedeutung:	**Homonyme**
Leser, Zuschauer, Zuhörer, die z. B. Texte lesen, sich Theaterstücke ansehen oder Musik hören, nennt man:	**Rezipient(en)**
In welcher Kurzform der Epik kommt ein Dingsymbol vor?	**Novelle**
Was sollen Fabeln und Parabeln beim Leser bewirken? Welche Funktion haben diese epischen Textsorten?	**Sie sollen belehren. (Moral, Lehre)**
Der Fachausdruck für „Mundart“ ist:	**Dialekt**
Wie bezeichnet man die einzelnen Sachgebiete einer Zeitung, wie z. B. Politik oder Wirtschaft?	**Ressort(s)**
Wörter, mit denen man Gegensätze ausdrücken kann, bezeichnet man als:	**Antonyme**
Eine Kritik eines kulturellen Ereignisses, wie z. B. die Neuerscheinung eines Buches, vor allem in Zeitschriften und Zeitungen, nennt man:	**Rezension**
Wörter, die aus anderen Sprachen übernommen werden, sich aber in Aussprache, Schreibung und Grammatik dem Deutschen anpassen, heißen:	**Lehnwörter**
Eine mündliche oder schriftliche Rede und Gegenrede, die zwischen zwei oder mehreren Personen geführt wird:	**Dialog**
Werden in einem Text besonders viele substantivierte Verben oder Zusammensetzungen verwendet, dann spricht man von diesem Stil:	**Nominalstil**
Wörtliche oder sinngemäße Wiedergabe von Aussagen aus einem Text, den man selbst nicht verfasst hat, nennt man:	**Zitat(e)**
Wie bezeichnet man eine gegliederte Kurzfassung wichtiger Informationen auf einem DIN-A4-Blatt?	**Handout**
Der Fachausdruck für die Einführung/den ersten Akt/das erste Bild in einem Drama heißt:	**Exposition**
Einen Versbruch oder Zeilensprung in einem lyrischen Text bezeichnet man als:	**Enjambement**

Begriffe aus dem literarischen Bereich

Name: ______________________

Aufgabe:

Finde den gesuchten Fachbegriff. Die vorgegebene Anzahl der Linien entspricht jeweils dem gesuchten Begriff.
Hinweis: ä = ä, ö = ö, ü = ü

① **Das Selbstgespräch einer Figur im Geiste bezeichnet man als:**

_ _ _ _ _ _ _   _ _ _ _ _ _ _

② **Bezeichnung für den Schlusspunkt/Überraschungseffekt, z. B. bei einer Glosse:**

_ _ _ _ _ _

③ **Der Höhepunkt/Umschlagpunkt in einem Drama nennt sich:** _ _ _ _ _ _ _ _ _

④ **Der Fachausdruck für die Hauptperson/-figur in einer Handlung (Buch, Film):**

_ _ _ _ _ _ _ _ _ _ _

⑤ **Die Aussageabsicht des Autors/Dichters bezeichnet man als:**

_ _ _ _ _ _ _ _ _

⑥ **In einem Drama handeln Figuren, die stets in Beziehung zueinander treten. Man spricht dabei von:**

_ _ _ _ _ _ _ _ _ _ _ _ _ _ _ _ _ _ _ _

⑦ **Das Versmaß nennt man auch:** _ _ _ _ _ _

⑧ **Der Sprecher in einem Gedicht heißt:** _ _ _ _ _ _ _ _ _   _ _ _

⑨ **Zeitraum, über den sich die Handlung eines Textes erstreckt:**

_ _ _ _ _ _ _ _   _ _ _ _

⑩ **Einen Abschnitt der Literaturgeschichte nennt man:** _ _ _ _ _ _

⑪ **Die Zusammenfassung von mehreren Versen zu einer formalen Einheit heißt:**

_ _ _ _ _ _ _

⑫ **Nenne die drei großen literarischen Gattungen:**

_ _ _ _   _ _ _ _ _   _ _ _ _ _ _ _ _

Station 3

Sprachlich-stilistische Mittel wiederholen

Name: ______________________

Aufgabe:

Findet eigene Beispiele zu den folgenden sprachlich-stilistischen Mitteln. Lest euer Ergebnis anschließend der Klasse vor.

Antithese: ______________________

____

Parataktischer Satzbau: ______________________

____

Parenthese: ______________________

____

Inversion: ______________________

____

Hypotaktischer Satzbau: ______________________

____

Slogan: ______________________

____

Neologismus: ______________________

____

Euphemismus: ______________________

____

Aufzählung: ______________________

____

Vergleich: ______________________

____

Station 4

Name:

Lyrische Stilmittel wiederholen

Aufgabe:

Ordnet den folgenden Beispielen einen entsprechenden Fachbegriff aus dem Kasten zu.

frische Früchte

Die Erbse hüpfte vom Teller.

Von diesem Moment an hatte sie eine rosarote Brille auf.

Na wie?

Das Mädchen fühlte sich wie eine Prinzessin.

Dich sah ich am Fenster stehen.

Ich könnte vor Hunger ein ganzes Pferd verschlingen.

Sie weinte bitterlich. Sie weinte die ganze Nacht.

Schwarzer Schnee

Sie sahen traurig in den Himmel. Die Wolken bildeten ein Kreuz.

Die sanften Regentropfen schmeckten salzig.

Spricht der Mann am Nebentisch auch deutsch?

Er sucht nach Geborgenheit. Sie gibt ihm Geborgenheit.

Sie flogen höher, schneller und weiter.

Alliteration • Anapher • Personifikation • Metapher • Vergleich
Hyperbel • Epipher • Oxymoron • Ellipse • rhetorische Frage • Symbol
Synästhesie • Klimax • Inversion

Sprachlich-stilistische Mittel im Gedicht

Name: ______________________

Aufgabe:

Lies dir das Gedicht durch. Ordne die entsprechenden lyrischen Stilmittel aus dem Kasten den Versen und Strophen zu. Schreibe diese rechts neben das Gedicht.

Hilde Domin: Unaufhaltsam

1 Das eigene Wort,
wer holt es zurück,
das lebendige
eben noch ungesprochene Wort?

5 Wo das Wort vorbeifliegt
verdorren die Gräser,
werden die Blätter gelb,
fällt Schnee.
Ein Vogel käme dir wieder.
10 Nicht dein Wort,
das eben noch ungesagte,
in deinem Mund.
Du schickst andere Worte hinterdrein,
Worte mit bunten, weichen Federn.
15 Das Wort ist schneller,
das schwarze Wort.
Es kommt immer an, es hört nicht auf,
anzukommen.

Besser ein Messer als ein Wort.
20 Ein Messer kann stumpf sein.
Ein Messer trifft oft
am Herzen vorbei.
Nicht das Wort.

Am Ende ist das Wort,
25 immer
am Ende
das Wort.

Enjambement • rhetorische Frage • Metapher • Ellipse
Wiederholung • ungewöhnlicher Satzbau • Symbol • Rahmen

Spiel „Bildhaft ausdrücken – Redewendungen“

Name: ______________________

Spielanleitung:

- zwei Spielfiguren
- Spielplan
- 24 Fragekarten mit Lösungen

Die Spielfiguren werden auf den Feldern A und B positioniert. Der ältere Spieler beginnt. Er zieht eine Fragekarte vom Stapel und liest die Frage vor. Der andere Schüler beantwortet die Frage. Ist die Antwort richtig, darf er ein Feld vorrücken und er erhält die Karte. Bei falscher Antwort bleibt er auf dem Feld stehen. Die nächste Frage stellt der jüngere Schüler, usw. Gewonnen hat, wer am Ende seine Spielfigur weiter vorgerückt hat.

Wenn man notgedrungen etwas Unangenehmes tut, verzehrt man dieses nicht süße Obst. **(In den sauren Apfel beißen)**	Wenn jemand stirbt, sagt man nicht, dass er eine Gabel bekommt, sondern … **(Löffel abgeben)**	Umdenken: Ungeduldig sein und lieber eine Milch trinken. **(Abwarten und Tee trinken)**
Andere legen Kilos zu, ich lieber einen … **(Einen Zahn zulegen)**	Wenn etwas absurd ist und trotzdem passiert, verspeist man gerne dieses Kehrgerät. **(Einen Besen fressen)**	Wenn jemand streitsüchtig ist und man nicht gut mit ihm auskommt, dann stimmt auch mit seinem Mundbereich etwas nicht. **(Haare auf den Zähnen haben)**
Wer bei einem Vortrag nicht mehr weiter weiß, der verliert nicht nur die Nerven. **(Den Faden verlieren)**	Wenn Eheleute sich streiten, dann hängt vielleicht das Hochzeitsbild noch gerade, aber etwas anderes nicht mehr. **(Der Haussegen hängt schief)**	Wird das Geld knapp, dann muss man bei einer Hose was machen? **(Den Gürtel enger schnallen)**
Gottfried Keller hat ein Stück geschrieben, dessen Titel eine Redewendung ist. **(Kleider machen Leute)**	Vierstellige Zahlenkombination für Mittelmäßiges. **(08/15)**	Umdenken: Ein tosendes Meer ist oft seicht. **(Stille Wasser sind tief)**
Diese Angewohnheit hat ein Strauß mit einem Menschen gemeinsam. **(Den Kopf in den Sand stecken)**	Wenn man wegen Gemüse nichts sieht, dann hat man … **(Tomaten auf den Augen haben)**	Setzt man seine Meinung immer nur auf diese Weise durch, dann leidet man schnell unter Kopfschmerzen. **(Mit dem Kopf durch die Wand)**
Wenn man jemandem voll vertraut, kann man auch ein Körperteil für ihn in die Glut legen. **(Die Hand für jemanden ins Feuer legen)**	Wer faul ist, der erhält keinen Gewinn. **(Ohne Fleiß kein Preis)**	Charaktereigenschaft, die auch auf die Kokosnuss zutrifft. **(Raue Schale, weicher Kern)**

Station 6

Spiel „Bildhaft ausdrücken – Redewendungen“

Name: ______________________

Frühaufsteher müssten eigentlich Zähne aus Edelmetall haben. **(Morgenstund' hat Gold im Mund)**	In diesem alkoholischen Getränk aus Trauben sind auf keinen Fall Lügen verborgen. **(Im Wein liegt die Wahrheit)**	Um diese italienische Stadt zu finden, braucht man keinen Kompass, denn … **(Viele Wege führen nach Rom)**
Jemanden, der zu Hause nichts zu sagen hat, trifft man gerne mal auch unter diesem Hausschuh an. **(Er steht unter dem Pantoffel)**	Es scheint Federvieh mit gelben Armbinden zu geben, weil … **(Auch ein blindes Huhn findet mal ein Korn)**	Zwei Menschen, die sich nicht vertragen, ähneln schon mal diesen Haustieren. **(Wie Hund und Katze sein)**

Spielplan

A												
B												

Name: ____________________

Erzählperspektive erkennen

Aufgabe:

Benenne die Erzählperspektive und begründe deine Entscheidung.

Ich bezahlte meine Führer. Sie erhielten außerdem noch ein Bakschisch, bestiegen ihre Kamele und traten trotz der vorgerückten Tageszeit ihren Rückweg an. Dann begab ich mich mit Halef an Bord, denn ich befand mich nicht im Besitz eines Zeltes. Während des Rittes durch die Wüste hat man nämlich gleichermaßen unter der Hitze des Tages wie unter der unverhältnismäßigen Kälte der Nächte zu leiden. Wer arm ist und kein Zelt besitzt, schmiegt sich bei Nacht an sein Kamel oder sein Pferd, um sich während der Ruhe daran zu wärmen. Ich hatte jetzt kein Tier mehr, und da die Nachtkühle hier am Wasser vielleicht größer war als im Innern des Landes, zog ich es vor, hinter dem Verschlag auf dem Heck des Sambuk Schutz zu suchen.

(Karl May: Durch die Wüste)

____

____

Es war um die Zeit, wo die Erde am allerschönsten ist und es dem Menschen am schwersten fällt zu sterben, denn der Flieder blühte schon und die Rosen hatten dicke Knospen: Da zogen zwei Wanderer die Himmelsstraße entlang, ein Armer und ein Reicher. Die hatten auf Erden dicht beieinander in derselben Straße gewohnt, der Reiche in einem großen, prächtigen Hause und der Arme in einer kleinen Hütte. Weil aber der Tod keinen Unterschied macht, so war es geschehen, dass sie beide zu derselben Stunde starben.
Da waren sie nun auf der Himmelsstraße auch wieder zusammengekommen und gingen schweigend nebeneinander her. Doch der Weg wurde steiler und steiler, und dem Reichen begann es bald blutsauer zu werden, denn er war dick und kurzatmig und in seinem Leben noch nie so weit gegangen. Da trug es sich zu, dass der Arme bald einen guten Vorsprung gewann und zuerst an der Himmelspforte ankam. Weil er sich aber nicht getraute anzuklopfen, setzte er sich still vor der Pforte nieder und dachte: „Du willst auf den reichen Mann warten, vielleicht klopft der an."

(Richard Leander: Von Himmel und Hölle)

____

____

Anna lauscht der Predigt des Pfarrers mit andächtigem Gesicht, aber ihre Gedanken sind weit weg. Sie denkt an Johannes. Der ist gerade in Berlin als Soldat. Dort dürfen nur solche Soldaten hin, die besonders lang gewachsen sind. Und Johannes ist so einer. Irgendwie hat er ihr schon immer gefallen. Johannes hat braune Haare und hellblaue Augen. Das sieht gut aus. Der Johannes, ja, der könnte ihr gefallen. Aber der hat mehr Interesse an Klara. Klara ist ja auch die Tochter des Försters und sie ist nichts weiter als das Kind eines Tagelöhners. Sie hat keine Mitgift. Kein Mann wird sich um sie bemühen. Allenfalls ein Tagelöhner wird sie haben wollen, so einer wie der schwächliche Ludwig, der ständig hustet und dabei immer Blut ausspuckt. Ein Bauer wie der Johannes, das wäre ein Mann, wie sie ihn sich vorstellt.

(Heinz-Lothar Worm: Schulzes Anna)

____

____

Name:

Textsorte erkannt?

Aufgabe:

Ordne den Textauszügen die folgenden Textsorten zu und begründe deine Entscheidung.
Tipp: Nicht jede Textsorte kommt wirklich vor!

Glosse • Sage • Bericht • Kurzgeschichte • Kommentar
Drama • Sportreportage • Novelle

❶ Als das Schloss in Darmstadt gebaut werden sollte, lag das Häuslein einer armen Witwe im Wege und der Baumeister ging zu ihr, um es ihr abzukaufen. Aber wie viel Geld er ihr auch für die Hütte bot, sie wollte es nicht hergeben und sprach: „Da sind meine Eltern und Großeltern geboren und gestorben, da bin ich geboren und da will ich auch sterben." Der Baumeister wollte sie nun mit Gewalt aus dem Häuslein treiben. Da wandte sie sich an den Landgrafen und klagte ihm ihr Leid. Der Landgraf gebot sofort, die arme Frau in ihrem Eigentum zu lassen und die Hütte dem Schloss einzubauen. Das geschah und man sieht sie heute noch am Schloss hängen wie ein Nest, das ein Vöglein daran gebaut.

Textsorte: ______________________________

Begründung: ______________________________

❷ Ach ja! Eine stattliche Eiche im besten Alter muss gefällt werden, damit eine Familie auf dem Nachbargrundstück ein Haus bauen kann, auf das kein Schatten fallen darf. Denn auf dem Dach des zu errichtenden Hauses sollen Sonnenkollektoren installiert werden. Und die produzieren keinen Strom, wenn eine Eiche sie beschattet. Schließlich wollen wir ja alle weg vom Atomstrom und hin zur alternativen Energieerzeugung. Und wenn eine deutsche Eiche so unverschämt ist und Schatten wirft, dann muss sie weichen. Fällt einem da nicht der alte Spruch ein: „Vor den Eichen sollst du weichen"? Das hing ja wohl mit dem Gewitter und dem Blitzschlag zusammen. Hier ist das anders: Nicht vor den Eichen sollst *du* weichen, sondern die Eichen müssen vor *dir*, respektive deinem Sonnenkollektor, weichen. Dass eine Eiche jeden Sommer, solange sie belaubt ist, fleißig Sauerstoff produziert und den Staub aus der Luft filtert, das spielt ja wohl keine Rolle. Es lebe der Sonnenkollektor auf dem Dach des Hauses neben der gefällten Eiche. Mögen ihm viele sonnige Tage beschieden sein. Denn die Wolken, die hierzulande oft Schatten auf die Häuser werfen, können nicht gefällt werden …

Textsorte: ______________________________

Begründung: ______________________________

Name: ______________________

Textsorte erkannt?

❸ HJALMAR: Mein Vater!
DER KÖNIG: Hjalmar?
HJALMAR: Ich habe mit Euch zu reden, mein Vater.
DER KÖNIG: Wovon wollt Ihr mit mir reden?
HJALMAR: Ihr seid krank, mein Vater?
DER KÖNIG: Ja, ich bin krank, und seht nur, wie ich altere! Fast alle meine Haare sind mir ausgefallen; seht nur, wie meine Hände jetzt zittern, und ich glaube, ich habe alle Flammen der Hölle in meinem Haupte!
HJALMAR: Mein Vater! Mein armer Vater! Ihr solltet fortgehen. Irgendwohin vielleicht ... Ich weiß nicht ...
DER KÖNIG: Ich kann nicht fort! – Warum seid Ihr hergekommen? Ich erwarte jemand.
HJALMAR: Ich habe mit Euch zu sprechen.
DER KÖNIG: Wovon?
HJALMAR: Von Prinzessin Maleine.
DER KÖNIG: Wovon? – Ich höre fast nichts mehr.
HJALMAR: Von Prinzessin Maleine. Prinzessin Maleine ist wiedergekehrt.
DER KÖNIG: Prinzessin Maleine ist wiedergekehrt?
HJALMAR: Ja.
DER KÖNIG: Aber die ist doch tot.
HJALMAR: Sie ist wiedergekehrt.

(Maurice Maeterlinck: Prinzessin Maleine)

Textsorte: ______________________

Begründung: ______________________

❹ Das Profiboxen der Frauen in Deutschland hängt nach einem schweren Wirkungstreffer in den Seilen. Weil Branchenprimus Universum Box-Promotion nach dem Ende des Millionen Euro schweren Vertrags mit Fernsehpartner ZDF im Sommer 2010 in ein schwarzes Loch gefallen ist, verkommt der professionelle Faustkampf der Damen zur Fußnote. Was mit Box-Queen Regina Halmich begann und in Einschaltquoten von mehr als sieben Millionen Zuschauern gipfelte, ist derzeit ein Ladenhüter. An diesem Samstag bringt sich Dreifach-Weltmeisterin Susi Kentikian wieder in Erinnerung. In der Hamburger Trainingshalle in der Walldörfer Straße verteidigt sie ihren Titel im Fliegengewicht. Gegnerin ist die Mexikanerin Ana Arrazola. „Ich bin heiß zu boxen", sagt die Dreiundzwanzigjährige und ist schier aus dem Häuschen aufgrund des Neustarts.

Textsorte: ______________________

Begründung: ______________________

Name:

Textsorte erkannt?

❺ *Bei einer Hobbykünstlerausstellung malt ein Mann hessische Bauernblumen auf Dachziegel, um den Zuschauern die Praxis der Bauernmalerei vor Augen zu führen. Einer der Zuschauer und eine bestimmte Farbkombination lösen Ungeahntes in ihm aus.*

[...] Und nun sind sie zu zweit da und gieren nach mir. Der eine draußen, der andere drin. Beide altgrünziegelrotdunkelbraun. Beide hinter mir her. Ich renne hin und her, obwohl ich mich nicht bewege. Drei- oder viermal schlüpfe ich durch das schwarze Brunnenloch in der Mitte der hessischen Anemone wie ein gehetztes kleines Tier. Meine Hand malt wie wild.

„Was hast du bloß gemacht?" Meine Frau ist hinter mich getreten und starrt auf den Dachziegel vor mir. „Alles voller blauer Striche!", sagt sie. Verwirrt blicke ich auf mein Kunstwerk. Ich habe den Dachziegel mit vielen tödlichen kobaltblauen Strichen bedeckt. Urplötzlich packt mich die Wut der Ausweglosigkeit. Ich fühle die Wellen wieder, von den Haar- und Zehenspitzen rollen sie an mir entlang und aufeinander zu. Ich greife den elenden kobaltblauen Dachziegel und knalle ihn mit aller Gewalt dem dunkelbraunen Mann vor die Füße. So! Viele giftige, spitze Splitter spritzen in alle Richtungen. Ein Kreis neugieriger Augen bildet sich. Der Dunkelbraune ist erschrocken und will was sagen. Ich komme ihm zuvor: „Es war ein Versehen. Entschuldigung ... tut mir unendlich leid ..." Ein Auge sagt: „Ja, diese Künstler!", und wendet sich ab.

Textsorte: ______________________________

Begründung: ______________________________

Name:

Praktikumsplatz suchen

Aufgabe:

John Brenner ist auf der Suche nach einem Praktikumsplatz. Dazu muss er mit den Betrieben telefonisch Kontakt aufnehmen. Hierbei begibt sich John in eine erste Bewerbungssituation.
Was macht John gut, was müsste er besser machen?
Fertigt ein neues Telefonat an und arbeitet hier eure Verbesserungsvorschläge ein. Tragt es anschließend der Klasse vor.

Frau Fröhlich: Autohaus Fuchs und Brinker, guten Tag. Sie sprechen mit Bettina Fröhlich. Was kann ich für Sie tun?

Bewerbungsgespräch

John Brenner: Mmh, ja, hallo. Ich wollte fragen, ob Sie vielleicht eine Praktikantenstelle frei haben.

Frau Fröhlich: Das ist im Moment ungünstig, da unser Werkstattmeister Herr Stahl, der für die Betreuung unserer Praktikanten und Azubis zuständig ist, in der Zeit von 12.30 Uhr bis 13.30 Uhr seine Mittagspause hat. Vielleicht kann ich Ihnen aber trotzdem schon einige Fragen beantworten und Ihnen somit weiterhelfen?

John Brenner: Mal überlegen. Eigentlich habe ich jetzt noch keine genauen Fragen. Aber ich kann später noch mal bei Ihnen anrufen.

Frau Fröhlich: Das können Sie gerne machen. Ich lege Herrn Stahl eine Notiz hin, damit er über unser Telefonat informiert ist. Dafür brauche ich Ihren Namen und Ihr genaues Anliegen.

John Brenner: Mein Anliegen ist, dass ich eine Stelle für das Schulpraktikum finden möchte. Und mein Name ist John Brenner, aber schreiben Sie einfach Johnny, so nennen mich alle auf der Schule und das ist auch kürzer.

Frau Fröhlich: Vielen Dank, Herr Brenner. Ich wünsche Ihnen noch einen schönen Tag. Auf Wiederhören.

John Brenner: Danke, gleichfalls.

Station 2

Name:

Bewerbungsanschreiben

Aufgabe:

Fertige mithilfe der Informationen in den Kästchen ein vollständiges Bewerbungsanschreiben an.
Verwende dazu liniertes Papier oder einen Computer.
Halte die entsprechenden Abstände zwischen den Textfeldern ein.

Markus Bloch | Berufsberatung des Arbeitsamtes | Restaurant „Drei Kochlöffel“

Rosenbach, 14. Juli 2011 | Kästner Gesamtschule Rosenbach | Freizeitgestaltung

Koch | dreiwöchiges Praktikum Autobahnraststätte im Februar 2010 | Zeugniskopien

Grußformel | Einladung zu einem Vorstellungsgespräch | Bescheinigungen

zwei Kochwettbewerbe mit dem Kochkurs der Kästner Schule gewonnen | Ausbildungsplatz

Kochbücher lesen | Realschulabschluss | Markus Bloch | voraussichtlich

Am Schlosspark 18, 12345 Rosenbach | voraussichtlich Sommer 2012 | Anlagen

Lebenslauf mit Bewerbungsfoto | Anrede | Rathausgasse 5, 24357 Bernhausen

Vater in der Metzgerei bei der Wurstherstellung helfen | Herrn Karl König

Teilnahme an einem Kräuterkundekurs der VHS im August 2010

Name:

Lückenloser Lebenslauf

Aufgabe:

Erstelle aus dem Bewerbungsschreiben von Markus Bloch (Station 2) einen zweiseitigen tabellarischen Lebenslauf. Damit der Lebenslauf lückenlos ist, musst du fehlende Informationen ergänzen. Folgende Auflistung hilft dir bei der Gliederung:

Persönliche Daten

Schulbildung

Schulabschluss

Praktische Erfahrungen

Besondere Kenntnisse

Hobbys

Name:

Online-Bewerbung

Aufgabe 1:

Kreuze an, ob die folgenden Aussagen richtig oder falsch sind.

	Aussagen	richtig	falsch
1	Bei einer Online-Bewerbung musst du nicht die Rechtschreibung überprüfen. Dies übernimmt das Rechtschreibprogramm deines Computers.		
2	Eine Online-Bewerbung sollte niemals an eine Sammelstelle verschickt werden, sondern an die für Bewerbungen zuständige Person.		
3	Das Anschreiben einer Online-Bewerbung kannst du sprachlich locker formulieren. Zudem darfst du Bilder, farbige Elemente oder Grafiken verwenden.		
4	Der Bewerbungstext umfasst die gleichen inhaltlichen Punkte wie die Bewerbung auf dem gewöhnlichen Postweg.		
5	Eine Online-Bewerbung ist praktisch, weil alle Firmen das gleiche Dateiformat haben und du keine Probleme damit haben wirst, Texte und Fotos zu verschicken.		
6	Eine Online-Bewerbung kannst du noch spät in der Nacht wegschicken, wenn die Poststelle schon längst geschlossen hat.		
7	Bei einer Online-Bewerbung beginnst du den Bewerbungstext direkt mit der Anrede des Ansprechpartners.		
8	Vorteilhaft ist auch, dass du per Mausklick ganz schnell mehreren Firmen den gleichen Bewerbungstext zusenden kannst. Du musst nur alle Firmen im Verteiler angeben.		

Aufgabe 2:

Überprüfe die E-Mail-Bewerbung und markiere die Fehler.

Betreff: Bewerbung um einen Ausbildungsplatz
Von: Freddygoestowork@august.de
Datum: 1.08.2011 23:45
An: GerdBullauge@WerftAhoi.de

Sehr geehrte Damen und Herren,

Mit großem Interesse habe ich ihre Anzeige in der „Niederdorfer Allgemeinen Zeitung“ an einem sonnigen Samstag gelesen und bewerbe mich um einen Ausbildungsplatz als Technischer Zeichner zum 8.08.20011. Ich möchte gerne meine privaten Erfahrungen mit Konstruktionszeichnungen beruflich weiterführen. Darum sende ich Ihnen meine Bewerbungsunterlagen zu. Im Juli 2011 absolvierte ich in der Friedrich-Gesamtschule in Teichstadt meinen Realschulabschluss.
Im 9. Schuljahr habe ich im Rahmen eines zweiwöchigen Betriebspraktikums an der Schule in das Berufsbild des Technischen Zeichners Einblicke bekommen. Ich war in vielen Bereichen tätig. Knifflige Aufgaben erledige ich in Teamarbeit, aber auch alleine. Ich bin handwerklich begabt und motiviert, neue Dinge dazuzulernen. In meiner Freizeit spiele ich gerne Computerspiele.
Im Anhang sende ich Ihnen meinen Lebenslauf mit Bewerbungsfoto sowie Zeugniskopien und entsprechende Bescheinigungen.

Mich würde es schwer begeistern, wenn Sie mich zu einem Vorstellungsgespräch einladen würden. ☺

Ihr Freddy H.

Station 5

Besser formuliert!

Name:

Aufgabe:

Lest euch die folgenden Auszüge aus Bewerbungsanschreiben durch. Überlegt euch, wie man diese besser formulieren könnte. Schreibt die verbesserten Sätze auf die Linien darunter.

① Da ich für Neues immer offen bin und mich weiterentwickeln möchte, würde ich mich über jede Chance zur Weiterbildung freuen.

② Ich beschäftige mich in meiner Freizeit auch gerne mit dem Computer.

③ Da ich ein zweiwöchiges Praktikum als Maler und Lackierer absolviert habe, habe ich schon etwas Erfahrung.

④ Ich konnte bereits in den Beruf des Kfz-Mechatronikers etwas hineinschnuppern und war begeistert.

⑤ In meiner Freizeit lese ich gerne Krimis oder düse mit meinem Roller durch die Gegend.

⑥ Mein ungenügendes Sozialverhalten habe ich einer Prügelei zu verdanken, für die ich aber nichts konnte.

⑦ Gerne komme ich nächste Woche vorbei, damit Sie mir die Werkstatt schon zeigen können.

Station 6

Bewerbungen auswählen

Name: ______________________

Aufgabe:

Ihr seid in der Personalabteilung tätig und sollt von diesen drei Bewerbungen für eine Praktikumsstelle die beste auswählen. Begründet eure Entscheidung. Benennt auch die Fehler.

Bewerbung um eine Praktikantenstelle in der Zeitschriftenredaktion

Sehr geehrte Frau Druckermann,

hiermit möchte ich mich auf Ihre Zeitungsanzeige für die angebotene Praktikantenstelle bei Ihrem Verlag „Think and Write“ bewerben.

Zurzeit besuche ich die achte Klasse der Realschule in Dietzenhein. In Deutsch habe ich eine Drei und in meiner Freizeit lese ich gerne in der „Think and Write“ die Kontaktanzeigen und den Sportteil. Ich bin nämlich auch ein großer Fußballfan und spiele sogar selbst Fußball in einer regionalen Mannschaft.
Es wäre echt toll, wenn ich das Praktikum bei Ihnen absolvieren könnte.

Über eine Einladung zu einem Vorstellungsgespräch würde ich mich sehr freuen.

Bewerbung um eine Praktikantenstelle in der Zeitschriftenredaktion

Sehr geehrte Frau Druckermann,

ich möchte mich auf Ihre Zeitungsanzeige im Bodenbacher Tageblatt, vom 22. Juli 2010, hin, um einen Praktikumsplatz bei „Think and Write“ bewerben.

Im Augenblick besuche ich die achte Klasse der Realschule in Zukunftshausen. Da ich mir für meine berufliche Zukunft gut vorstellen kann, im Medienbereich zu arbeiten, möchte ich vorher die Gelegenheit nutzen, verschiedene Berufe und Tätigkeiten aus diesem Bereich kennenzulernen.
Durch das Betriebspraktikum bei Ihrem Jugendblatt „Think and Write“ verspreche ich mir neue Anregungen und Erfahrungen, die ich auch in meiner Tätigkeit als Redakteurin in der Schülerzeitung anwenden kann.

Ich würde mich über eine positive Antwort von Ihnen freuen.

Bewerbung um eine Praktikantenstelle in der Zeitschriftenredaktion

Sehr geehrte Frau Druckermann,

meine Mutter hat im Bodenbacher Tageblatt vom 22. Juli 2010 gelesen, dass Ihre Redaktion eine Praktikantenstelle anbietet.
Da nächste Woche das Schulpraktikum losgeht, brauche ich unbedingt einen Praktikumsplatz. Aber ich wollte auch schon immer mal hinter die Kulissen einer Zeitungsredaktion blicken. Außerdem bin ich ein begeisterter Leser Ihres Jugendblattes „Think and Write“. Ich habe auch schon ein Preisausschreiben bei Ihnen gewonnen. Zu meinen Fähigkeiten gehören: Ausdauer, Flexibilität und Teamfähigkeit. Meine Rechtschreibung und mein Ausdruck sind ganz o.k.

Laden Sie mich zu einem Vorstellungsgespräch ein und Sie werden es nicht bereuen.

Station 7

Stellenanzeigen genau lesen!

Name:

Aufgabe:

Wähle eine der folgenden Stellenanzeigen aus und fertige ein vollständiges Bewerbungsanschreiben an (handschriftlich oder mit dem Computer).
Trage dein Ergebnis anschließend der Klasse vor.

Praxis für Physiotherapie und Krankengymnastik in Laufenbach sucht
zum 1. August 2011

aufgeschlossene, engagierte Azubis für den Beruf des/der

Physiotherapeut/in

Wir erwarten: Zuverlässigkeit, Flexibilität, Einfühlungsvermögen, Teamarbeit
Schulabschluss: Mittlere Reife bevorzugt

Praxisgemeinschaft Kraft, Schmitt, Wagner
z. Hd. Frau Elvira Kraft
Rosenweg 13, 57366 Laufenbach
Telefon: 02277/313-0

Das renommierte Hotel „Rosenstock“ in Kehrstadt sucht zum nächstmöglichen Termin Verstärkung für sein Gastronomieteam.

Zu besetzen ist eine Ausbildungsstelle für den Beruf:

Konditor/in

Arbeiten Sie gern im Team, sind flexibel, motiviert und vor allem kreativ?
Dann senden Sie uns Ihre Bewerbungsunterlagen zu.

Kontakt: Hotel „Rosenstock“
z. Hd. Herr Sommermann, Geschäftsleitung
Burgweg 6, 35903 Kehrstadt
Telefon: 04456/789

Station 8

Name: ____________

Spiel „Bewerbungscoach“

Spielanleitung:

- zwei Spieler
- 21 laminierte Fragekarten
- zwei Folienstifte, ein Küchentuch und zwei laminierte Spielerkarten
- ein laminierter Kontrollstreifen

Der Spieler, der als nächster Geburtstag hat, deckt die erste Fragekarte auf und liest vor. Jede Karte hat eine Nummer. Beide Spieler kreuzen jeweils auf ihrer Spielerkarte entweder „Ja“ oder „Nein“ in der betreffenden Zeile an. Sind alle Fragen beantwortet, wird mit dem Kontrollstreifen verglichen.

Spielerkarten:

Spieler A		
1	Ja	Nein
2	Ja	Nein
3	Ja	Nein
4	Ja	Nein
5	Ja	Nein
6	Ja	Nein
7	Ja	Nein
8	Ja	Nein
9	Ja	Nein
10	Ja	Nein
11	Ja	Nein
12	Ja	Nein
13	Ja	Nein
14	Ja	Nein
15	Ja	Nein
16	Ja	Nein
17	Ja	Nein
18	Ja	Nein
19	Ja	Nein
20	Ja	Nein
21	Ja	Nein

Spieler B		
1	Ja	Nein
2	Ja	Nein
3	Ja	Nein
4	Ja	Nein
5	Ja	Nein
6	Ja	Nein
7	Ja	Nein
8	Ja	Nein
9	Ja	Nein
10	Ja	Nein
11	Ja	Nein
12	Ja	Nein
13	Ja	Nein
14	Ja	Nein
15	Ja	Nein
16	Ja	Nein
17	Ja	Nein
18	Ja	Nein
19	Ja	Nein
20	Ja	Nein
21	Ja	Nein

Kontrollstreifen:

1	2	3	4	5	6	7	8	9	10	11	12	13	14	15	16	17	18	19	20	21
N	J	N	N	J	N	J	J	J	N	J	J	N	N	J	J	N	J	N	J	N

Station 8

Spiel „Bewerbungscoach“

Name:

In der Betreffzeile eines Bewerbungsanschreibens steht immer, woher man von der Stelle weiß (Zeitung, Telefonat, Gespräch). 1	Bei deinem ersten Telefonat mit einem Betrieb solltest du deine Bewerbungsunterlagen bereithalten. 2	Verwende bei großen Firmen die Anrede „Sehr geehrte Damen und Herren“. 3
Rufe am besten um die Mittagszeit in einem Betrieb an, denn dann sind die meisten Mitarbeiter erreichbar. 4	Bei einer E-Mail-Bewerbung beginnst du den Text direkt nach der Anrede des Ansprechpartners. 5	Manche Betriebe möchten, dass du in deinem Lebenslauf deine Blutgruppe oder deine Parteizugehörigkeit angibst. 6
Die Datumsangaben auf dem Anschreiben und dem Lebenslauf müssen identisch sein. 7	Ein Stellengesuch ist eine Stellenanzeige, die der Bewerber/der Arbeitnehmer selbst in eine Zeitung setzt. 8	Die Bescheinigungen über berufliche Tätigkeiten oder Praktika sowie die Zeugnisse werden immer nur in Kopien mitgeschickt. 9
Deinen Lebenslauf musst du nicht unterschreiben, da du bereits das Anschreiben unterschreibst. 10	Um wichtige Dinge notieren zu können, solltest du dir für das Telefongespräch einen Notizblock bereitlegen. 11	Die gesamte Bewerbung muss optisch einen guten Eindruck machen (keine Knicke oder Fettflecken, Seiten sind gerade bedruckt etc.). 12
Das Bewerbungsschreiben ist nicht auf Rechtschreibfehler hin zu prüfen. Das übernimmt das Rechtschreibprogramm des Computers. 13	Im Bewerbungsanschreiben darfst du auch die Grußformel „MfG“ verwenden. Das ist modern. 14	Die E-Mail-Adresse des Bewerbers sollte bei einer Online-Bewerbung nicht unseriös klingen. 15
Ein Lebenslauf darf keine zeitlichen Lücken enthalten. 16	Im ersten Satz deines Bewerbungsanschreibens formulierst du den Wunsch, zu einem Gespräch eingeladen zu werden. 17	In dem Bewerbungstext musst du deutlich deine Fähigkeiten mit den Anforderungen des Berufsbildes abgleichen und verbinden. 18
Ein Bonbon oder Kaugummi beruhigt. Deshalb darfst du beim Telefonieren auch zu diesen Süßigkeiten greifen. 19	Die Anredepronomen in der Höflichkeitsform werden immer großgeschrieben. 20	Ein tabellarischer Lebenslauf ist, wie der Name schon sagt, in einer Tabelle anzufertigen. 21

Station 1

Interview durchführen

Name:

Aufgabe:

Lest euch den Text durch.
Erfindet ein Interview mit Jörn. Einer von euch ist Jörn, der andere übernimmt die Rolle des Reporters.
Das Interview notiert ihr euch beide auf einem linierten Papier. Es wird anschließend der Klasse als Rollenspiel vorgetragen.

Badespaß?

Bad Wildungen, Scheveningen. Dieses Schauspiel gibt es vielerorts in Europa: Das Baden oder auch Eistauchen am Neujahrstag. Nirgendwo dürfte es aber so spektakulär sein wie am Strand des niederländischen Seebades Scheveningen. Schon am frühen Morgen des 1. Januar füllt sich der breite Sandstrand mit Menschen. Das sind beileibe nicht alles Zeitgenossen, die ein Bad in der kalten Nordsee nehmen wollen, sondern auch die Begleiter und Betreuer der Todesmutigen, die Bademäntel, warme Decken und hochprozentigen Schnaps für die Zeit danach bereithalten. Kurz vor 10.00 Uhr stehen alle Teilnehmer in Badekleidung in den Startlöchern. Einige haben Pudelmützen aufgesetzt, da – wie sie versichern – die meiste Körperwärme über den Kopf entweicht.

Schlag 10.00 Uhr ertönt das Signal. Alle Eisschwimmer rennen schreiend quer über den Strand ins eiskalte Nass. Genauso schnell – einige Unentwegte ausgenommen – sind sie auch wieder zurück, lassen sich von ihren Betreuern in Bademäntel oder warme Decken hüllen und trinken Schnaps zur Erwärmung.
An diesem Brauch hat heuer auch Jörn R. teilgenommen, ein Schüler der hiesigen Gustav-Stresemann-Schule, der den Jahreswechsel in Scheveningen verbracht hat. Sein Vater hat die beeindruckende Aufnahme mit nach Hause gebracht.

Name:

Ein Bild dialogisieren

Aufgabe:

Schreibt zu dem folgenden Bild einen passenden Dialog, in dem die dargestellte Problemsituation aufgelöst wird. Stellt den Dialog der Klasse vor.

Station 3

Inneren Monolog schreiben

Name:

Aufgabe:

Schreibe zu der beschriebenen Situation einen entsprechenden Inneren Monolog. Berücksichtige besonders die Gefühlslage des Mädchens und suche nach einer möglichen Lösung der Problemsituation.

Nach der Schule wurde Marie wie jeden Freitag von Larissas Mädchengang abgefangen. Anstatt der üblichen zehn Euro wollten die Mädchen nun zwanzig Euro von ihr haben. Da Marie nur zwei Euro dabeihatte, nahmen sie ihr den neuen MP3-Player weg. Als die Mädchen verschwunden waren, gingen Marie viele Gedanken durch den Kopf. (…)

Name:

Tagebucheintrag verfassen

Aufgabe:

Lies dir den Text durch.
Schreibe auf ein liniertes Papier, was Kevin am Abend in sein Tagebuch eintragen würde.

Kevin als Lebensretter

Kevin war am Spätnachmittag in die Innenstadt gefahren. Er nahm genügend Geld mit, denn er wollte sich eine gefütterte Winterjacke kaufen. Er fand aber nichts, was ihm gefiel, obwohl er in mehreren großen Kaufhäusern suchte. Es wurde schnell dunkel an diesem trüben Wintertag. Er schlenderte durch die hell erleuchteten Straßen, in der Hoffnung, einen Klassenkameraden zu treffen. Passi – eigentlich heißt er Pascal – hatte nämlich gesagt, dass er am Nachmittag in die Innenstadt kommen würde. Kevin guckte sich fast die Augen aus, aber nirgendwo war eine Spur von Passi zu entdecken. Es schlug sieben Mal vom alten Stadtkirchturm. Kevin steuerte eine Pommesbude an und holte sich etwas zu essen. „Ich nehme den Steg über den Fluss", dachte er, „auch wenn es da ziemlich dunkel und einsam ist. Aber es ist doch eine Abkürzung." Es war wirklich einsam und dunkel, als er sich dem Fluss näherte. Auf dem Steg sah er eine Gestalt. Sie stand in der Mitte der schmalen Brücke. Und nun traute er seinen Augen kaum. Die Gestalt versuchte, auf das Brückengeländer zu klettern. „Der will sich in den Fluss stürzen", schoss es Kevin durch den Kopf. Mit großen Schritten rannte er auf den Steg und hielt die Gestalt fest. Erstaunt bemerkte er, dass es sich um ein junges Mädchen handelte. „Was machen Sie denn da? Sie wollen doch wohl nicht ...?" – „Ach, lassen Sie mich", schluchzte das Mädchen. „Er liebt mich nicht mehr. Ohne ihn ist das Leben sowieso sinnlos." Das Mädchen schluchzte erneut erbärmlich. Und wieder versuchte es, über das Brückengeländer zu steigen. Kevin riss es zurück. „Das dürfen Sie nicht tun", schrie er das Mädchen an. „Das ist doch keine Lösung für Ihr Problem." – „Aber was soll ich denn tun? Er hat gesagt, er will sich von mir trennen." Laut weinend umarmte das Mädchen den erschrockenen Kevin. Sanft löste er ihre Arme von seinem Hals. Das Mädchen fragte: „Wollen Sie nicht noch einmal mit ihm reden?" Zutraulich streichelte es ihn über den Hals und die Jacke. „Vielleicht können Sie ihm ins Gewissen reden. Dort drüben steht er." Kevin versicherte: „Ich will es versuchen." Er war froh, den Umarmungen des weinenden Mädchens zu entkommen. „Kommen Sie mit", befahl er fast, „ich rede mit ihm." Er lief mit dem Mädchen auf den jungen Mann zu, der am anderen Ufer unter einem Baum stand. „Ich habe alles beobachten können", sagte der Mann. „Ich bin wohl gerade noch rechtzeitig gekommen. Aber ...", wendete er sich dem Mädchen zu, „du brauchst doch nicht gleich ins Wasser zu springen, bloß weil wir Streit haben." – „Bist du mir jetzt wieder gut?", fragte das Mädchen den jungen Mann. „Ich liebe dich doch. Komm, lass uns nach Hause gehen", sagte der junge Mann zärtlich. Das Mädchen wandte sich an Kevin: „Danke, danke, wenn Sie nicht gewesen wären! Sie haben mir das Leben gerettet." – „Schon gut", winkte er ab und beobachtete dann, wie das junge Paar Händchen haltend in den Gassen der Altstadt verschwand. „Dass ich heute noch ein Lebensretter werden würde, das habe ich mir beim Aufstehen nicht vorstellen können", dachte er. An der Bushaltestelle merkte er, dass seine Geldbörse aus der Brusttasche verschwunden war.

Station 5

Brief formulieren

Name:

Aufgabe:

Schreibe einen Brief an den jungen Mann, der so ganz überraschend zu einem Kind gekommen ist.

Sascha

Der knapp ein Jahr alte Kleine, den die junge Frau im Zug auf der Bank gegenüber in der Tasche neben sich stehen hatte, erinnerte mich an meinen 15 Jahre jüngeren Bruder. Ihn hatte ich damals sehr gerne versorgt, besonders, als meine Mutter ins Krankenhaus musste. Wahrscheinlich bin ich auch deshalb Erzieher in einem Kinderheim geworden, schon mit 24 Jahren. Jedenfalls mag ich Babys seit dieser Zeit. Das merkte wohl auch die junge Mutter mit dem üppigen blonden Haarschopf. Wir kamen ins Gespräch, ich erzählte ihr von meinen Erfahrungen mit Säuglingen und Kleinkindern und stellte einige „sachkundige" Fragen. Mein Gegenüber sprach nur gebrochen Deutsch mit osteuropäischem Akzent. Sie stamme aus Russland, erklärte die Frau, und komme nun nach Deutschland, um den Vater ihres Kindes, der einige Monate in ihrer Heimat als Facharbeiter tätig gewesen sei, zu treffen. So jedenfalls verstand ich ihre Äußerungen. Sie sei ganz aufgeregt, denn an einem Bahnhof auf der Strecke zwischen Frankfurt und Kassel wolle er auf sie und das Kind warten oder auch in den Zug steigen. Sie wisse es nicht mehr so ganz genau, auch habe sie den Zettel mit dem Namen des Ortes irgendwie verloren. „Na, schauen Sie nur auf jedem Bahnhof nach", sagte ich. „Die Züge halten etwa für fünf Minuten. In dieser Zeit können Sie nachsehen, ob der Vater dort auf Sie wartet. Ich gebe Ihrem Sohn in der Zwischenzeit die Flasche", fügte ich hinzu, denn ich hatte bemerkt, dass der Kleine anfing zu quengeln und offensichtlich trinken wollte.
„Vielen, vielen Dank", sagte die Mutter und deutete zur Tür. Ich nickte und sie entfernte sich. Der Kleine trank sein Fläschchen zügig leer, machte ein Bäuerchen und strahlte mich an. Ich lachte mit ihm und kitzelte ihn, woraufhin er laut quietschte. Die Mutter war noch nicht zurückgekehrt, der Zug hatte sich aber bereits wieder in Bewegung gesetzt. Wir waren eben in Marburg gewesen. „Offensichtlich hat sie ihren Mann noch nicht entdeckt", dachte ich und lachte wieder mit dem Kind. Der Kleine war auch zu goldig. Er hatte ein Grübchen, genau wie mein kleiner Bruder. Bald wurde er müde und schlief ein. Ich döste auch ein bisschen.
Ich fuhr hoch, als der Zug in Schwalmstadt hielt. Das Kind schlief, aber seine Mutter war immer noch nicht da. Ich stand auf und hielt nach ihr Ausschau. Der Schaffner kam. Ich zeigte ihm meinen Fahrschein und fragte ihn nach der Mutter, einer Frau mit üppigen blonden Haaren. „Na merkwürdig!", sagte er. „Mit blonden Haaren kann ich Ihnen dienen. Da wurde soeben eine blonde Perücke auf der Damentoilette gefunden. Aber sonst …" Er zuckte die Achseln. „Darf ich die Perücke mal sehen?", fragte ich mit trockenem Mund. Er brachte sie. Es waren die Haare der jungen Frau aus Osteuropa. Erst war es mir, als ob ich einen Schlag auf den Kopf erhalten hätte. Aber dann wusste ich: Diese junge Frau hat das Kind bei mir im Zug ausgesetzt. Sie ist verschwunden und ich habe jetzt ein Kind. Wer hätte das gedacht?
In Kassel nahm ich das Kind mit zu meiner Arbeitsstelle im Kinderdorf. Von dort aus kontaktierte ich das Jugendamt und schilderte den Fall. Als ich dem Kleinen anschließend die Windeln wechselte, fand ich einen Zettel auf dem Bäuchlein mit der Aufschrift: SASCHA.
Nun ist er schon über eine Woche bei mir. Mit der Versorgung klappt es prima. Ich hoffe, dass ich Sascha behalten darf. Er ist so goldig wie damals mein kleiner Bruder und ich mag ihn sehr gerne. Ich habe aber große Angst, dass ihn das Jugendamt zu anderen Pflegeeltern gibt und ich mich von ihm trennen muss.

Station 6

Ein Gedicht sprachlich modernisieren

Name:

Aufgabe:

Lies das folgende Gedicht von Johann Wolfgang von Goethe.
Bestimme zunächst Thema und Reimschema.
Schreibe dann eine moderne Fassung des Gedichts.

Das Thema des Gedichts lautet:

Folgendes Reimschema liegt vor:

Johann Wolfgang von Goethe: Willkommen und Abschied

Es schlug mein Herz, geschwind zu Pferde!
Es war getan fast eh' gedacht:
Der Abend wiegte schon die Erde,
Und an den Bergen hing die Nacht:
Schon stand im Nebelkleid die Eiche,
Ein aufgetürmter Riese, da,
Wo Finsternis aus dem Gesträuche
Mit hundert schwarzen Augen sah.

Der Mond von einem Wolkenhügel
Sah kläglich aus dem Duft hervor,
Die Winde schwangen leise Flügel,
Umsausten schauerlich mein Ohr;
Die Nacht schuf tausend Ungeheuer;
Doch frisch und fröhlich war mein Mut;
In meinen Adern welches Feuer!
In meinem Herzen welche Glut!

Dich sah ich, und die milde Freude
Floss von dem süßen Blick auf mich;
Ganz war mein Herz an deiner Seite
Und jeder Atemzug für dich.
Ein rosenfarbnes Frühlingswetter
Umgab das liebliche Gesicht,
Und Zärtlichkeit für mich – Ihr Götter!
Ich hofft' es, ich verdient es nicht!

Doch ach! schon mit der Morgensonne
Verengt der Abschied mir das Herz:
In deinen Küssen, welche Wonne!
In deinem Auge, welcher Schmerz!
Ich ging, du standst und sahst zur Erden,
Und sahst mir nach mit nassem Blick:
Und doch, welch Glück, geliebt zu werden!
Und lieben, Götter, welch ein Glück!

Station 7

Lyrik szenisch interpretieren

Name:

Aufgabe:

Lest das folgende Gedicht von Erich Kästner.
In dem Gedicht haben sich die beiden Partner nichts mehr zu sagen. Ihr lasst die beiden aber miteinander ins Gespräch kommen.
Verfasst gemeinsam einen Dialog, in dem das Problem der Beziehung deutlich wird und findet eine Lösung für eine positive Fortsetzung dieser Partnerschaft.

Sachliche Romanze

Als sie einander acht Jahre kannten
(und man darf sagen: sie kannten sich gut),
kam ihre Liebe plötzlich abhanden.
Wie andern Leuten ein Stock oder Hut.

Sie waren traurig, betrugen sich heiter,
versuchten Küsse, als ob nichts sei,
und sahen sich an und wussten nicht weiter.
Da weinte sie schließlich. Und er stand dabei.

Vom Fenster aus konnte man Schiffen winken.
Er sagte, es wäre schon Viertel nach vier
und Zeit, irgendwo Kaffee zu trinken. –
Nebenan übte ein Mensch Klavier.

Sie gingen ins kleinste Café am Ort
und rührten in ihren Tassen.
Am Abend saßen sie immer noch dort.
Sie saßen allein und sie sprachen kein Wort
und konnten es einfach nicht fassen.

Erich Kästner

Station 8

Name: ______________________

Lyrische Kleinformen wiederholen

Aufgabe:

Verfasse zu dem Begriff „Liebe“ unterschiedliche Kurzgedichte. Verwende hierzu die im unteren Kästchen angegebenen lyrischen Kleinformen.

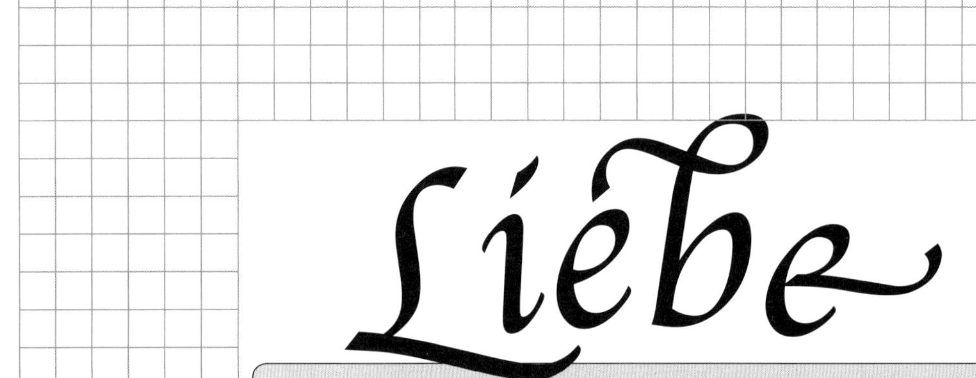

Station 1

Tagesbericht

Name:

Aufgabe:

Dieser Tagesbericht ist an einigen Stellen auffallend unsachlich. Markiere diese Textstellen und schreibe einen neuen Tagesbericht.

Heute Morgen bin ich fast zu spät zur Praktikumsstelle gekommen, nur weil mein Wecker, den ich mir erst neu gekauft habe, nicht geklingelt hat. Dennoch war ich pünktlich um halb sechs in der Backstube. Zuerst sollte ich die ziemlich verkrusteten Backbleche reinigen, damit darauf später die Teilchen mit Obst und Vanillepudding platziert werden konnten. Nach der Reinigungsarbeit half ich dem Bäckerlehrling Markus bei der Herstellung einer Tortenfüllung. Ich durfte ihm die bereits abgewogenen Zutaten in die sahnige Masse geben, die er vorsichtig mit dem Schneebesen unterrührte. Zum Schluss kamen die Mandarinenstückchen unter die Creme. Dann wurde die Masse auf einen Tortenboden gegeben. Ich hielt die Schüssel, die ganz schön Gewicht hatte. Wenigstens gibt das muskulöse Oberarme. Damit sich die Füllung gleichmäßiger verteilen lässt, legte ich vorher einen Tortenring um den Boden. Anschließend durfte ich mit einem Tortenmesser die Masse glatt streichen und mit Mandarinenstückchen belegen. Markus stellte die Torte für ca. zwei Stunden kalt. Nun half ich einem weiteren Angestellten, Körbe mit frischen Brötchen und Broten zu befüllen, die wir dann an die zweite Filiale auslieferten. Um 7.30 Uhr hatten wir den Lieferwagen beladen und ich fuhr mit meinem Chef zum Laden in die Bachmanngasse 7. Dort gaben wir die Backwaren ab, nahmen leere Körbe mit und ich musste, obwohl Schreiben nicht meine Lieblingsbeschäftigung ist, notieren, welche Waren noch für den Nachmittag zu liefern wären oder bereits für den anderen Morgen vorbestellt wurden. Zurück in der Backstube, half ich bei der Befüllung der Berliner/Krapfen mit Pflaumenmus und Erdbeermarmelade. Dafür gibt es ein sogenanntes Berlinerfüllgerät, bei dem durch eine Pumpvorrichtung die gewünschte Füllung über ein Metallröhrchen in den Berliner/Krapfen gelangt. Auf dieses Röhrchen werden die Berliner aufgesteckt, dann wird vorsichtig mit der Hand ein Hebel zum Pumpen betätigt. Ich habe beim ersten Befüllversuch den Hebel so fest gedrückt, dass die Marmelade seitlich aus dem Berliner herausgequollen ist. Dennoch durfte ich ein ganzes Blech Berliner mit Pflaumenmus befüllen und vor dem Verkauf alle Berliner mit Puderzucker bestäuben. Übrigens, warm schmecken diese besonders lecker. Dann war es auch schon halb zwölf und ich verabschiedete mich von meinem Chef und den Kollegen und trat den Nachhauseweg mit der Bahn an.

Station 2

Name: ______________________

Tätigkeiten mit Fachbegriffen beschreiben

Aufgabe:

Finde heraus, mit welchem Fachbegriff die beschriebene Tätigkeit bezeichnet wird. Ordne dieser jeweils auch einen Ausbildungsberuf zu. Die nötigen Wortbausteine sowie die Berufe findest du im unteren Kasten.

Tätigkeitsbeschreibung	Fachbegriff	Ausbildungsberuf
Einen Buchungsvorgang, zum Beispiel für eine Reise, wieder rückgängig machen.		
Lebensmittel in Form bringen, zum Beispiel bei der Herstellung von Wurstwaren.		
Das Füttern von Tieren mit Flüssigkeiten.		
Gemüse kurzzeitig mit heißem Wasser überbrühen und anschließend mit kaltem Wasser abschrecken.		
Glättendes Feinbearbeitungsverfahren für verschiedenste Materialien.		
Genaues Einarbeiten der Brillengläser in die Fassung/das Brillengestell entsprechend den Messwerten.		
Gästen Essen und Getränke an den Tisch bringen.		
Feste, flüssige oder gasförmige Stoffe auf ihre Bestandteile hin prüfen und untersuchen.		
Man bekundet seine Anteilnahme gegenüber den Angehörigen eines Toten.		
Unter Einsatz eines gleichnamigen Werkzeugs geschieht das Fällen von Bäumen und Baumstämmen ohne Holzabfall.		

lie • len • stor • ren • ly • ren • rie • ren • sie • trän • do • chie
lie • t • ren • sie • po • kon • nie • dres • ren • ser • blan • vie
ren • zen • ana • ren • ken • ren • kei

Tierpfleger • Goldschmied • Forstwirt • Fleischer
Restaurantfachmann • Koch • Reiseverkehrskaufmann
Bestattungsfachkraft • Chemielaborant • Augenoptiker

Form und Sprache des Stundenprotokolls

Name:

Aufgabe:

Lies dir das folgende Stundenprotokoll durch. Welche Fehler lassen sich finden? Markiere die entsprechenden Stellen. Verfasse anschließend ein neues Stundenprotokoll für diese Chemiestunde.

Verlaufsprotokoll über die Chemiestunde am Montag, den 6. Juni 2011

Ort: Chemieraum C. 05
Klasse: 10
Anwesend: 29 Schüler und Frau Roth-Kaufmann
Abwesend: 1 Schülerin

Ergebnisse der Unterrichtsstunde:

Zu Beginn der Stunde kam Frau Roth-Kaufmann fünf Minuten zu spät. Dann mussten wir uns ganz schön beeilen.
In der Chemiestunde haben wir dann in Dreiergruppen den Versuch „Geheimschrift mit Zitronensaft" durchgeführt.
Frau Roth-Kaufmann zeigte der Klasse zunächst den Aufbau und erklärte den Ablauf des Versuchs. Fast alle, bis auf Saskia, Marius und Benny, haben die Einzelschritte verstanden. Diese Gruppe machte gemeinsam mit Frau Roth-Kaufmann den Versuch. Das war vielleicht peinlich!

Für den Versuch benötigten wir eine Tuschfeder, eine Kerze, ein Papierstück, ein Becherglas und 40%ige Zitronensaftlösung.

Als Erstes gab Thorsten etwas von der Zitronenlösung in das ziemlich kleine Becherglas und tauchte die Tuschfeder hinein. Dann schrieb ich mit der Tuschfeder den Satz „Chemie ist cool" auf. In der Zwischenzeit stellte Max eine Plastikwanne mit Wasser zum Löschen bereit. Dann zündete Thorsten die Kerze an und bewegte das getrocknete Papierstück über dieser hin und her, bis das Geschriebene langsam sichtbar wurde. Das Papier durfte nicht zu stark erhitzt werden.
Beim Erhitzen wurden die Stellen des Papiers sichtbar, die wir vorher mit dem Zitronensaft beschrieben hatten. Die Buchstaben traten durch die Wärme in einer Braunfärbung hervor. Bei uns leider nicht, denn Max hielt das Papier zu lange in die Flamme.

Dann war die Stunde zu Ende. Als Hausaufgabe sollten wir die Versuchsbeschreibung und -durchführung für die „Geheimschrift mit Zitronensaft" anfertigen.

Station 4

Gitternetz zum Protokoll

Name: ____________________

Aufgabe:

In dem folgenden Gitternetz sind waagrecht und senkrecht insgesamt zehn Begriffe versteckt, die etwas mit dem Protokoll/Protokollieren zu tun haben. Schreibe diese untereinander auf die Linien und notiere jeweils dahinter, was du über den Begriff weißt.

O	B	J	E	K	T	I	V	I	T	Ä	T	G	T
J	W	Y	L	W	M	P	B	D	W	M	Z	F	H
K	Ö	H	C	K	J	W	Z	Ö	S	D	Ö	B	E
E	R	G	E	B	N	I	S	L	G	W	D	V	M
R	T	Z	W	M	B	Ü	W	Ü	C	A	X	H	A
I	L	S	T	I	C	H	P	U	N	K	T	E	P
N	I	J	C	V	X	Y	R	F	G	R	W	P	X
N	C	K	P	M	Ö	L	H	W	V	J	L	S	B
E	H	U	N	T	E	R	S	C	H	R	I	F	T
R	E	Ö	W	X	F	B	X	Ö	D	C	X	W	J
U	R	Z	K	O	P	F	Z	E	I	L	E	P	W
N	E	W	Y	H	Ü	V	E	R	L	A	U	F	V
G	D	S	X	Ä	W	B	F	X	Y	Z	P	T	C
W	E	Z	G	L	I	E	D	E	R	U	N	G	X

____

____

____

____

____

____

____

____

____

____

Textaufgaben zu einem Sachtext

Name: ______________________

Aufgabe:

Lies dir den Text „Die Zimbern" durch. Bearbeite anschließend die Textaufgaben auf der folgenden Seite.

Die Zimbern

Die Zimbern leben in einigen verstreut in Oberitalien liegenden Sprachinseln in den Regionen Venetien (Provinzen Verona, Belluno und Vicenza), Trentino-Südtirol (Provinz Trient) und Friaul. Sie sprechen untereinander einen uralten deutschen Dialekt, darüber hinaus sprechen fast alle Italienisch und Hochdeutsch, manche zusätzlich auch Ladinisch.

Sieben Gemeinden, auf Zimbrisch „Siben Komoin" (italienisch: „Sette Comuni"), liegen auf dem Hochplateau nordwestlich von Vicenza in der Region Venetien. Nur in Robàan (italienisch: „Roana") hat sich das Zimbrische bis heute erhalten.

Auf der gleichen Hochebene liegen, etwa 30 km entfernt in der Provinz Trient, die Dörfer Lusern, Folgrait („viel gerodet", italienisch: „Folgaria") und Lavròu (italienisch: „Lavarone"). Wegen der besonders isolierten Lage von Lusern hat sich dort das Zimbrische am besten erhalten und wird von allen 300 Einwohnern im Alltag gesprochen. Zwei Drittel der Einwohner heißen übrigens mit Nachnamen „Nicolussi".

Südwestlich der „Sieben Gemeinden" gibt es die „Dreizehn Gemeinden" (Provinz Verona), in denen das Zimbrische fast ausgestorben ist.

Woher kommen die mitten im italienischen Sprachgebiet lebenden Zimbern? Als diese Sprachinseln im 14. Jahrhundert entdeckt wurden, hielten die italienischen Gelehrten sie für die letzten Nachfahren der Kimbern, die als Siedlungsgebiet suchender Volksstamm zusammen mit den Teutonen im 2. Jahrhundert v. Chr. in Italien eingefallen waren und schließlich vernichtend geschlagen wurden. Diese Theorie ist aber heute als unhaltbar abgetan.

Eine weitere Theorie – begründet 1948 durch Bruno Schweizer – sieht in den Zimbern die letzten Nachfahren der Langobarden, die in Oberitalien ein großes Reich errichtet hatten (in der Bezeichnung der Landschaft Lombardei steckt noch der langobardische Stammesname).

Wahrscheinlich ist jedoch, dass die Zimbern aus Bayern eingewandert sind. Im Cod. Lat. 4547 der Bayerischen Staatsbibliothek von Benediktbeuren wird in einem Nachtrag von etwa 1050 erwähnt, dass Bauern aus Westbayern in Zeiten der Hungersnot nach Verona auswanderten. Das könnte der erste Beleg für die Einwanderung der Zimbern sein. Möglicherweise sind sie als Siedler nach Italien gerufen worden, weil sie gute Zimmerleute und Holzschnitzer waren und weil sie Holzkohle herstellen konnten, die man seinerzeit dringend zur Verhüttung von Metallen brauchte. Angeblich rief im Jahre 1287 der Bischof von Verona einige Familien von Holzschnitzern („Tzimberer", mittelhochdeutsch für Zimmerer, Zimmerleute) zur Arbeit in die weiten Wälder von Lessina.

Die zimbrischen Sprachinseln – so eine weitere Theorie – entstanden im 12. Jahrhundert durch Zuwanderung ganzer Sippschaften, die aufgrund des Bevölkerungswachstums in Bayern keine ausreichende Existenzgrundlage mehr hatten und deswegen in die klimatisch ungünstigen und nicht sehr fruchtbaren, aber unbesiedelten Gegenden Oberitaliens zogen.

Diese den urtümlichsten und altertümlichsten deutschen Dialekt sprechenden Bewohner der Sprachinseln haben eine wechselvolle Geschichte erlebt. Im Mittelalter pflegten sie Handelsbeziehungen zu Venedig, wohin sie z. B. Bauholz lieferten. Nach 1922, als die Faschisten die Herrschaft in Italien übernommen hatten, versuchte man, das Zimbrische zu unterdrücken. Inzwischen wird diese Sprachminderheit jedoch respektiert.

Es gibt seit einiger Zeit auch ein Fernsehprogramm in zimbrischer Sprache. Die wöchentliche Sendung heißt „Zimbar Earde" und wird über den Satellit Eutelsat Sky630 im Kanal Trentino TV ausgestrahlt. Die Beiträge sind zum Teil auch online verfügbar. Zweimal monatlich erscheinen Beiträge in zimbrischer Sprache in der Wochenzeitschrift „L'Adige".

In Deutschland, Österreich und Südtirol gibt es Bestrebungen, die Zimbern bei der Pflege ihrer Sprache und Tradition zu unterstützen.

Textaufgaben zu einem Sachtext

Name:

Eine Kostprobe des Zimbrischen:

Dar man au en ma
In an stròach is da gebeest a man aus af'nan akhar z'sega di liisan, on hat geseek ke di liisan vo'n andarn (vo den andarn) laut sain viil schuanar bas de sain …

Deutsche Übersetzung:

Der Mann im Mond
Einst hatte ein Mann eines seiner bestellten Felder mit dem Ziel erreicht, die Linsen zu begutachten (ob sie gewachsen waren), und er stellte fest, dass die der anderen Leute viel schöner als die Seinen waren ...

Textaufgaben:
Beschreibe die drei Theorien zur Herkunft der Zimbern.

1. Theorie:

2. Theorie:

3. Theorie:

Warum sollte das Zimbrische gepflegt werden?

Station 6

Karikatur verstehen und deuten

Name: ____________________

Aufgabe:

Beschreibe die Karikatur und deute sie.

___

___

___

___

___

___

___

___

___

___

Station 7

Bezug zwischen Text und Karte

Name: ______________________

Aufgaben:

Lies den Text und trage die Reiseroute mithilfe des Atlasses auf der Karte ein.
Beachte: Die Karte gibt die heutigen Ländergrenzen an!
Erzähle anschließend einem Mitschüler anhand der Karte den Textinhalt der „unvergesslichen Reise“.

Eine unvergessliche Reise

Es war Ende April1944. Meine Schwester erhielt die Nachricht, dass ihr Mann verwundet worden war und sich zur Genesung im Lazarett in Bad Wildungen befand. Dass seine Genesung monatelang dauern würde, stand ebenfalls in der Nachricht. Meine Schwester sagte: „Ich will zu meinem Mann. Ich reise nach Bad Wildungen.“ Ich schüttelte den Kopf und meinte, in diesen Kriegszeiten sollte sie lieber zu Hause in Stettin bleiben, aber sie ließ sich nicht beirren. „Ich muss zu ihm“, sagte sie. „Er braucht mich doch jetzt ganz besonders.“ Wir schauten auf der Landkarte nach, wo Bad Wildungen ist. Es liegt im nördlichen Hessen, unweit von Kassel. Mit der Bahn zu reisen war ganz und gar unmöglich. Meine Schwester hatte sich erkundigt und gesagt bekommen, dass es jetzt um den Endsieg gehe und private Fahrten unterbleiben müssten, weil die Züge zur Beförderung von Kriegsmaterial gebraucht würden. „Ich fahre trotzdem“, entschied meine Schwester. „Ich habe ja ein Fahrrad.“ – „Und was ist mit deinem Kind?“, fragte ich. „Das nehme ich mit. Ich transportiere es auf dem Gepäckträger.“ – „Dann fahre ich mit dir“, entschied ich mich. „Allein lasse ich dich nicht reisen.“

Wir steckten alles Geld ein, das wir hatten, hängten einige Stofftaschen mit Lebensmitteln und Kleidung an die Lenkstangen und befestigten für die zweijährige Tochter einen Korb auf dem Gepäckträger. So brachen wir auf in Richtung Westen. Wir hatten gutes Wetter und fuhren bis nach Pasewalk. Wir mussten des Öfteren rasten, die Kleine füttern und ein wenig mit ihr laufen. Die Nacht durften wir bei einer Frau in der Stube verbringen. Am nächsten Tag schafften wir es sogar bis nach Neubrandenburg. Am dritten Tag wurden wir von einem Gewitter überrascht. Unterstellen konnten wir uns nicht, weil wir die Pappeln am Straßenrand meiden wollten. Dort hätte der Blitz einschlagen können. Meine Schwester und ich wurden nass bis auf die Haut. Wir hatten unsere Jacken ausgezogen und über den Korb mit dem Kind gelegt, damit es nichts von dem Platzregen abbekam. Als das Gewitter vorbei war, wrangen wir die Jacken aus und zogen sie wieder an. Wir radelten kräftig, damit uns warm wurde. Trotzdem kamen wir nur bis Waren am Müritzsee. Nach einer Nacht bei freundlichen Leuten machten wir uns früh wieder auf den Weg. Das Wetter war jetzt wechselhaft und wir mussten uns immer wieder unterstellen, weil es regnete. Schließlich kamen wir in Parchim an. Am nächsten Morgen begegneten uns unglaublich viele Armeefahrzeuge, die in östliche Richtung fuhren. Wir mussten lange im Straßengraben warten, bis die Fahrzeuge vorbei waren. Deshalb erreichten wir nur Dömitz. Aber wir hatten es immerhin schon bis zur Elbe geschafft. Eine Fähre setzte uns über den Fluss. Wir kamen aber nur bis Dannenberg, weil mein Fahrrad einen platten Reifen hatte. Zum Glück hatten wir Flickzeug dabei, aber es dauerte lange, bis das Loch im Reifen dicht war. Irgendwie wollte der Klebstoff nicht halten, es war eben Kriegsware. Am nächsten Tag schafften wir es bis nach Uelzen. Wir waren jetzt öfter müde und mussten

Bezug zwischen Text und Karte

Name: ______________________

länger rasten. Zum Glück waren die Leute überall hilfsbereit und wir fanden immer ein Nachtquartier, das nur wenig oder überhaupt kein Geld kostete. Die kleine Edith bekam von den Leuten oft etwas zugesteckt. Sie sah auch zu niedlich aus, wie sie hinten im Korb saß und von dort aus in die Welt blickte. Wir mussten sie immer festbinden, damit sie nicht aufstehen und beim Fahren kopfüber auf die Straße fallen konnte. In Braunschweig erlebten wir eine Bombennacht und waren froh, als wir im Morgengrauen abreisen konnten. Über Salzgitter kamen wir bis Goslar, wo wir uns einige Tage ausruhen mussten. Wieder bei Kräften erreichten wir spät am nächsten Abend Göttingen. Wegen der vielen Steigungen brauchten wir zwei Tagesetappen, bis wir nach Kassel kamen. Hier erlebten wir zwar keine Bombennacht, aber wir sahen die zerstörten Häuser. Am folgenden Tag dauerte es noch bis zum späten Abend, bis wir endlich in Bad Wildungen eintrafen. Am Morgen darauf badeten wir und wuschen uns die Haare. Schließlich hatten wir ja während der ganzen Reise immer nur „Katzenwäsche" gemacht. Auch die Kleine bekam eine „Generalreinigung" verpasst. Dann fuhren wir zum Lazarett.

Station 8

Umwandlung – Text in Schaubild

Name: ______________________

Aufgabe:

Erstelle ein Säulendiagramm zum Seifenverbrauch. Verwende dazu ein kariertes Papier. Überlege dir auch eine passende Überschrift für das Diagramm und Bezeichnungen für die beiden Achsen.

Seife

Im Mittelalter war die Seifenherstellung ein Geschäft, an dem sich immer mehr Händler beteiligten, da dieses Luxusprodukt sehr begehrt war und sich viel Geld damit verdienen ließ. Die Seife war nur für wenige Reiche erschwinglich. 1549 löste eine Schachtel mit Seife, die der Prinzessin von Jülich überreicht wurde, eine Sensation aus. Überliefert ist auch das Begleitschreiben zu einem Stück Seife aus Italien, das 1672 der Gräfin von Schleinitz geschickt wurde. Es handelte sich dabei um eine Gebrauchsanleitung.

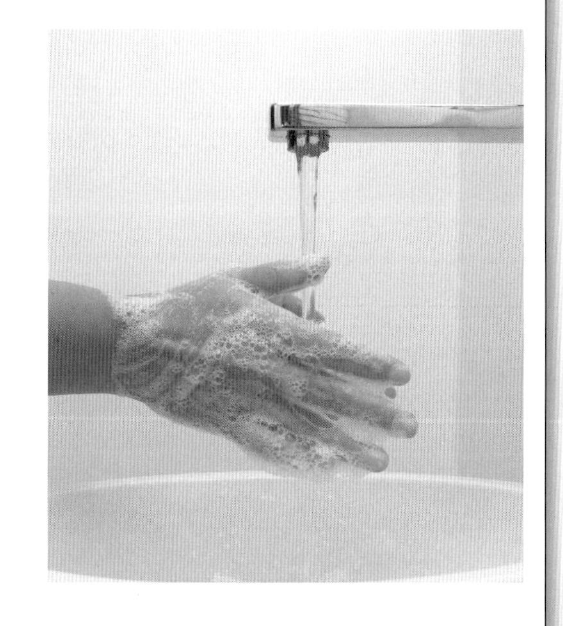

Erst Ende des 18. Jahrhunderts konnte Seife in größeren Mengen und kostengünstig hergestellt werden, da es nun möglich war, den Grundstoff Soda einfach zu produzieren. Zu dieser Zeit setzte sich die Seife in der breiten Bevölkerung durch. Viele Menschen, vor allem die Geringverdiener, konnten sich aber immer noch keine Seife leisten, weder für die Körperpflege noch zum Kleiderwaschen.

Im 19. Jahrhundert schrieb der Chemiker Justus Liebig, der Wohlstand eines Landes lasse sich an seinem Seifenverbrauch ablesen. In dieser Zeit entstanden öffentliche Brausebäder für die unteren Bevölkerungsschichten. Das Motto lautete: „Jedem Deutschen wöchentlich ein Bad!“ Die persönliche Hygiene wurde nun offiziell als gesundheitsfördernd unterstützt.

Heute werden weltweit knapp 9 Millionen Tonnen Seife produziert. Deutschland verbraucht davon über 120 000 Tonnen, bei konstantem Bedarf.

Eine Statistik von 1968 bescheinigte den Deutschen einen jährlichen Pro-Kopf-Verbrauch an Seife von 780 g. Im europäischen Vergleich lagen die Deutschen damit an vierter Stelle. Vor ihnen rangierten die Niederländer mit 820 g und die Dänen mit 850 g Seifenverbrauch pro Person und Jahr. Angeführt wurde die Liste von Großbritannien, das 1060 g Seife jährlich pro Kopf verbrauchte.

Station 1

Pro und Kontra

Name: ______________________

Aufgabe:

Findet zu den folgenden Thesen jeweils ein Argument Pro und ein Argument Kontra.
Wenn ihr weitere Argumente findet, dann schreibt diese zusätzlich auf.

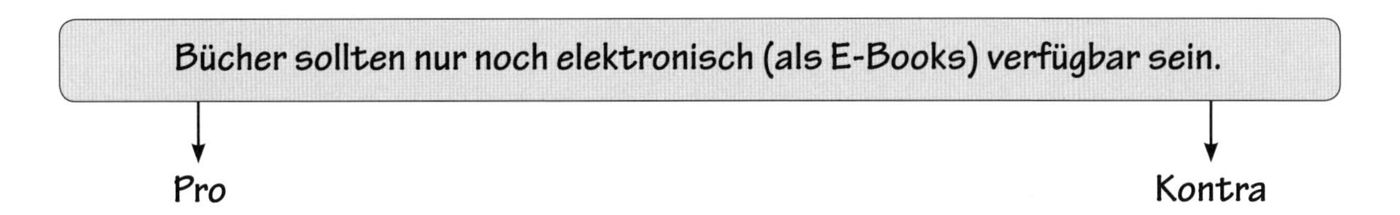

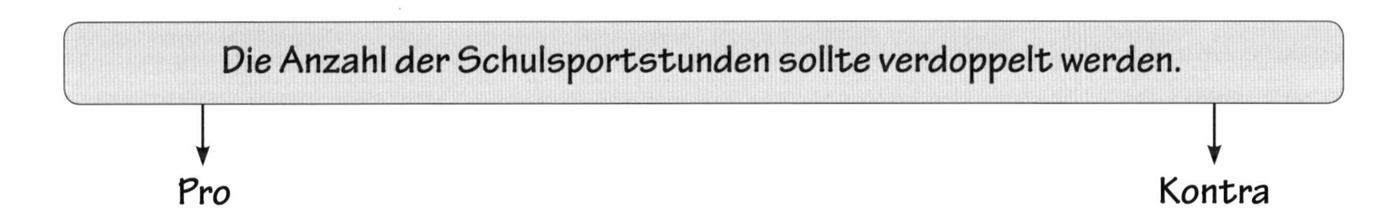

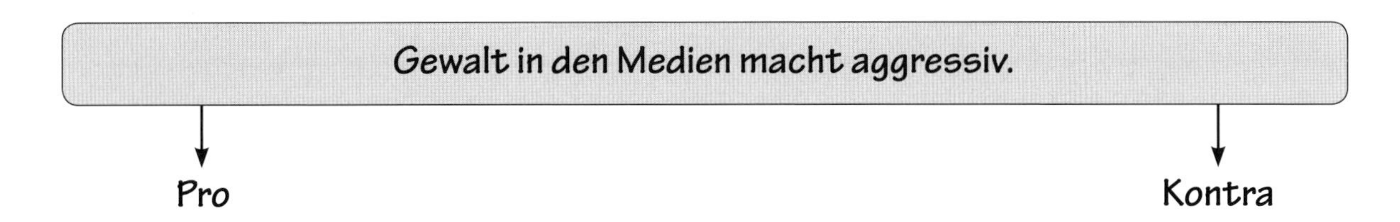

Station 2

Passende Argumente finden

Name:

Aufgabe:

Lies dir die folgenden Fragen und Behauptungen durch und entscheide, welche Aussage ein Argument ist. Manchmal sind mehrere Aussagen anzukreuzen.

① Ist die SV (Schülervertretung) sinnvoll?

a) ◯ Die Schülerschaft braucht ein Sprachrohr, um Schulkonzepte mitzuentwickeln.
b) ◯ Viele der in der SV agierenden Schüler sind unsympathisch.
c) ◯ Mir wäre es unangenehm, sogar peinlich, meine Probleme mit Schülern zu besprechen.

② Energydrinks sollten erst an 18-Jährige verkauft werden dürfen.

a) ◯ Besonders Kinder und Jugendliche mit ADHS werden durch diese Getränke noch unruhiger.
b) ◯ Ich als 20-Jährige fände diese Regelung gut.
c) ◯ Untersuchungen der Universität Braunschweig haben bewiesen, dass die Konsumenten von Energydrinks verstärkt Zahnerkrankungen wie Karies aufweisen.

③ Anne vertritt den Standpunkt, dass ein leerer Magen beim Einkauf dazu führt, dass mehr Lebensmittel als nötig im Einkaufswagen landen.

a) ◯ Mein Einkaufswagen ist immer voll und mit unnötigen Lebensmitteln gefüllt, auch wenn ich keinen Hunger habe.
b) ◯ Hauptsächlich lenkt Werbung das Kaufverhalten.
c) ◯ Das ernährungswissenschaftliche Institut „Fresh Food" in Berlin hat in einer Studie ermittelt, dass Verbraucher mit leerem Magen 47 % mehr Lebensmittel einkaufen.

④ Die häufige Nutzung von Neuen Medien hat negative Auswirkungen auf die Sprache der Jugendlichen.

a) ◯ Deutschlehrer bemängeln, dass sich bei ihren Schülern Satzungetüme, eine ellipsenreiche Sprache sowie eine sehr vereinfachte Ausdrucksweise in freien Texten häufen.
b) ◯ Die Neuen Medien werden doch ständig mit negativen Auswirkungen in Verbindung gebracht.
c) ◯ Die 14-jährige Sara findet es toll, sich mit ihrer Chatfreundin geheime und lustige Botschaften zu schreiben.

Name: ______

Standpunkte analysieren

Aufgabe:

Lies das folgende Streitgespräch. Formuliere eine These, um die es in diesem Gespräch geht.
Finde heraus, welche Standpunkte die Herren X, Y und Z einnehmen und notiere dies.
Nimm als Frau/Herr W selbst Stellung zu der These und setze das Gespräch fort.

Streitgespräch

Herr X: Ich sage Ihnen: Das ist eine abgekartete Geschichte.

Herr Y: Das kann man so doch nicht sagen. Er ist doch nicht Opfer einer Intrige geworden.

Herr X: Aber das liegt doch auf der Hand.

Herr Y: Wie wollen Sie das denn begründen?

Herr X: Na ja, er war in den Augen mancher seiner Kollegen bei der Bevölkerung zu beliebt geworden. Da hat man in seinem Lebenslauf geforscht, ob man ihm etwas anhängen kann. Und da hat man sich auf seine Doktorarbeit gestürzt. Angeblich hat er abgeschrieben.

Herr Z: Entschuldigen Sie, dass ich mich einmische. Aber was heißt hier „angeblich“? Inzwischen ist es doch bewiesen, dass er eine Reihe von Passagen wortwörtlich abgekupfert hat. Also, ich muss schon sagen …

Herr X: Moment! Bei einer Doktorarbeit ist es doch erlaubt, Passagen aus anderen Werken zu übernehmen.

Herr Z: Diese Textabschnitte müssen aber kenntlich gemacht werden. Und wer das unterlässt, der macht sich strafbar. Es ist wissenschaftlich nicht zu vertreten, so etwas als eigene Arbeit auszugeben. Das ist kriminell.

Herr Y: Jetzt gehen Sie aber zu weit. Zweifellos … Es ist ein Fehler, aber Irren ist menschlich.

Herr Z: Irren ist menschlich!? Ich bedanke mich für solche Irrtümer. Die Wissenschaft verliert ja ihre Glaubwürdigkeit, wenn solche verbrecherischen Dinge passieren.

Herr Y: Verbrecherisch? Also so weit würde ich nicht gehen. Ein verzeihlicher Fehler! Haben Sie noch nie einen Fehler gemacht?

Herr X: Nichts von alledem. Man wollte ihn nur kaltstellen.

Station 4

Name: ____________

Standpunkte vertreten

Aufgabe:

Jeder Schüler nimmt eine Rollenkarte. Findet euch in die Rolle ein und verfasst eine Diskussion in einer Talkrunde zum vorgegebenen Thema. Stellt anschließend euer Ergebnis der Klasse vor.

„Helmpflicht auch für Inlineskater"

Rollenkarte 1:
Heiner Klaßen ist Vorstandsmitglied des Vereins „Wir rollen die Welt". Dieser Verein verpflichtet seine Mitglieder zum Tragen eines Helms und von Handgelenks-, Ellbogen- und Knieschützern.

Rollenkarte 2:
Dr. med. Dorothea Hofmüller-Meister ist seit 15 Jahren Kinderärztin im Katharinen-Hospital in Weidenbergbach.

Rollenkarte 3:
Julia Bischof ist 14 Jahre alt und Schülerin der Gesamtschule in Kalkbach. Sie ist seit sechs Jahren begeisterte Inlineskaterin und fährt mit ihren Freundinnen gerne beim Night-Skating oder City-Skating mit. Sie hat schon gefährliche Stürze gesehen. Selbst hat sie sich aber noch nie verletzt. Sie besitzt keinen Helm.

Rollenkarte 4:
Patrick Vollner ist 28 Jahre alt und Inlinelehrer. Zudem betreibt er seit acht Jahren ein Sportgeschäft. Vor zehn Jahren hatte er einen schlimmen Unfall auf seinen Inlineskates. Seitdem ist er Helmträger.

Name:

Fehlerhafter Leserbrief

Aufgabe:

Der folgende Leserbrief würde so nicht in einer Zeitung abgedruckt werden. Markiere die inhaltlichen Fehler und schreibe eine verbesserte Version.

Leserbrief zum Thema „Waldkindergarten“

Liebe Leserinnen und Leser,

leider machen die modernen Verrücktheiten vor den Toren unserer Stadt nicht halt. Da gibt es doch tatsächlich Eltern, die auch hierzulande einen Waldkindergarten einzurichten wünschen. Arme Kinder, die ihr solch unvernünftige Eltern habt. Jeden Tag, egal bei welchem Wetter, sollt ihr nun im Wald zubringen und dort „im Einklang mit der Natur leben“. Na Prost Mahlzeit! Als ob die Welt nur aus Blümelein und Käferlein bestünde! Anfangs seien die Kleinen zwar häufiger krank als andere Kinder, dafür wären sie aber nach einiger Zeit robuster und widerstandsfähiger. Schön und gut!
Aber sind solche Experimente nicht eher für Zuchtvieh geeignet?

Wie müssen Eltern sein, die mit ihren Kindern in einer solch schamlosen Weise verfahren? Wo bleiben denn im Wald bitteschön das soziale Miteinander, das vorschulische Lernen, usw.? Beim Bestaunen einer Schnecke kann man keinen einzigen Buchstaben lernen, auch nicht beim Sammeln vorjähriger Tannenzapfen, die ja wohl das Kinderspielzeug ersetzen müssen.

Was muss eigentlich noch passieren, bis das Jugendamt die Kinder solcher Rabeneltern in Obhut nimmt? Einen Rückfall in die Steinzeit darf man den Kindern des 21. Jahrhunderts getrost ersparen. Auch den absoluten Natur-Freaks unter den Eltern kann man solch verantwortungslose Experimente mit ihren Kindern nicht einfach gestatten. Solche Leute müssen von der Allgemeinheit zur Raison gebracht werden.

Station 6

Leserbriefe vergleichen

Name: ______________________

Aufgabe:

Lies die folgende Zeitungsmeldung und die beiden Leserbriefe. Formuliere die jeweiligen Positionen, die in den Leserbriefen bezogen werden. Schreibe einen eigenen Leserbrief zum vorgegebenen Artikel.

Zeitungsmeldung:
Seit seinem siebten Lebensjahr spielt der außergewöhnlich musisch begabte Arne W., inzwischen zehn Jahre alt, in seiner Heimatgemeinde im Gottesdienst vertretungsweise die Orgel. Die Besucher freuen sich, wenn er an der Orgel sitzt, weil er das Vor- und Nachspiel genial und virtuos improvisiert. Für jeden Orgeldienst bekam er die vorgeschriebene Bezahlung – angesichts des teuren Orgelunterrichts ein geringer Obolus. Jüngst jedoch erhielt er „Berufsverbot", mit der Begründung, das Jugendschutzgesetz verbiete Kinderarbeit und damit kindliche Überforderung bis einschließlich des zwölften Lebensjahres. Wenn er allerdings freiwillig und unentgeltlich weiterhin in der Kirche die Orgel spiele, dann sei das nicht als Kinderarbeit und Überforderung zu werten. Der junge Orgelspieler hat überhaupt kein Verständnis für diese Vorgehensweise, denn Orgelspielen sei doch keine Arbeit, sondern reine Freude …

Erster Leserbrief:
Es ist zweifellos bedauerlich, dass ein begabter, sogar noch in den Kinderschuhen steckender Orgelspieler mit dem Verbot belegt wird, weiterhin im Gottesdienst die Orgel zum Erklingen zu bringen. Aber das Gesetz zum Schutze der Jugend hat seinen Sinn. Es verbietet bezahlte Arbeit von Kindern. Kinder benötigen ihre gesamte Energie zur Entwicklung ihrer Persönlichkeit. Da kann eine solch verantwortungsvolle Aufgabe nur hinderlich sein. Auch aus diesem Grund ist Kinderarbeit in Deutschland verboten. Der junge Organist möge daher fleißig zu Hause an seiner Heimorgel üben. In wenigen Jahren, wenn er das 13. Lebensjahr vollendet hat, wird er dann den Gottesdienst an der Orgel begleiten dürfen, ohne dabei etwas Verbotenes zu tun.

Heinz Kaulbach, Allendorf

Zweiter Leserbrief:
Es ist geradezu lächerlich, dem musikalisch begabten Jungen ein Verbot auszusprechen. Das Jugendschutzgesetz wurde zu einer Zeit erlassen, als Kinder schwere körperliche Arbeit im bäuerlichen oder handwerklichen Betrieb ihrer Eltern verrichten mussten. Es sollte sie vor organischen Schädigungen schützen. Sonntags im Gottesdienst die Orgel zu spielen, hat mit körperlicher Anstrengung sicherlich nichts zu tun. Ganz im Gegenteil, es macht dem jungen Organisten offensichtlich Freude (und den Zuhörern sowieso). Es erweist sich wieder einmal, dass in Deutschland die Menschen für die Gesetze da sind, nicht – wie es sein sollte – die Gesetze für die Menschen. Wenn die Landeskirchenleitung einerseits junge Leute in Internetaufrufen dazu ermutigt, das Orgelspiel zu erlernen, um Gottesdienste zu begleiten, dann muss man sich andererseits fragen, warum genau das einem „Spielwilligen und -fähigen" untersagt wird. Das Jugendschutzgesetz sollte nicht buchstabengetreu, sondern seinem Geist nach ausgelegt werden. Es wird Zeit, die Verordnungen des Jugendschutzgesetzes zu überprüfen und gegebenenfalls zu revidieren.

Sascha Achler, Weidenhausen

Name:

Einen Leserbrief schreiben

Aufgabe:

Verfasst einen Leserbrief zu folgender Schlagzeile einer Zeitungsmeldung. Berücksichtigt die formalen Kriterien eines Leserbriefs und macht euren Standpunkt deutlich. Findet auch eine passende Überschrift.

„Schüler sollten ihre Hausaufgaben per E-Mail an den Lehrer senden“

Station 8

Spiel „Meinungsbildungsexperte“

Name: ______________________

Spielanleitung:

- zwei Spieler
- 15 laminierte Karten (doppelte Ausführung)
- eine Kontrollkarte
- Stoppuhr

Beide Spieler erhalten jeweils die 15 Spielkarten. Die Karten werden durchgemischt. Dann drehen beide zeitgleich ihre Karten um. Nun werden diese so gelegt, dass ersichtlich wird, zu welcher These welches Argument und/ oder Beispiel gehört. Wer zuerst fertig ist, ruft „Stopp“. Mit der Kontrollkarte wird überprüft. Wer die meisten richtigen Zuordnungen hat, gewinnt.

Mit einem Handyvertrag gerät man leichter in die Schuldenfalle als mit einer Prepaidkarte, weil die Kosten nicht direkt ersichtlich sind. 1	Gesundheitsschäden im Kindes- und Jugendalter kann dadurch vorgebeugt werden. 2	Die Jugendlichen gewinnen erste Einblicke ins Berufsleben. 3
Sind Schulpraktika für Schülerinnen und Schüler sinnvoll? 4	Lesen verbessert den sprachlichen Ausdruck. 5	Survival Camps fördern die Selbstständigkeit der Kinder und Jugendlichen. 6
Durch Bewegung im Unterricht lernen die Kinder und Jugendlichen effektiver. 7	Seit Lisa das Lesen zu ihrem Hobby erklärt hat, fallen ihr beim Schreiben von freien Texten viele Synonyme und Fachbegriffe schneller ein. 8	Dass ich nur noch ein Mal im Monat im Fast-Food-Restaurant esse, hat sich schon positiv auf mein Körpergewicht ausgewirkt. 9
Der tägliche Genuss von Fast Food ist ungesund und macht dick. 10	Das Verschicken von SMS führt in die Schuldenfalle. 11	Bereits jeder dritte Jugendliche im Alter von 14 Jahren hat Schulden. 12
An Schulen sollte die Anzahl der Sportstunden im Stundenplan verdoppelt werden. 13	Tobias hat sich nach dem Besuch des Survival Camps zu einem eigenständig arbeitenden und teamfähigen Schüler entwickelt. 14	Zahlreiche psychologische Studien belegen, dass durch zusätzliche Bewegung oder selbstständiges Erarbeiten ca. 70 % des Lernstoffs behalten wird. 15

Kontrollkarte:

T	A	Bsp.	T	A	Bsp.
11	1	12	7	15	
13	2		6		14
4	3		10		9
5		8			

Station 1: Nominalstil

Seite 9

1. Die restlichen Kirschen wurden auch verwendet.
2. Sie sprachen über ihr Anliegen.
3. Es sollte strenger bestraft werden, wenn Tiere ausgesetzt werden.
4. Verstößt man gegen eine Klassenregel, hat dies eine Strafarbeit zur Folge.
5. Für Schüler ist es äußerst spannend, dieses Experiment durchzuführen.
6. Übertritt ein Spieler die Linie, wird der Ball neu eingeworfen.
7. Die Lehrer planen, einen neuen Werkraum im Neubau einzurichten.
8. Es ist nicht möglich, die Fahrtkosten zurückzuerstatten.
9. Um den Lernstoff zu vertiefen, findet eine regelmäßige schriftliche Kontrolle statt.
10. Später bearbeiteten die Schüler auch das Herz des Schweins.

Station 2: Umformuliert!

Seite 10

1. In der Kurzgeschichte geht es um ein 14-jähriges Mädchen namens Irina, .../Die Kurzgeschichte handelt von einem 14-jährigen Mädchen namens Irina, ...
2. Jana macht sich große Vorwürfe.
3. Er kann seine Lüge nicht mehr ertragen.
4. Er hat ein Bild von William Shakespeare an die Wand projiziert und zitiert: ...
5. Von dieser Idee war die ganze Mannschaft überzeugt.
6. Die Geliebte will sich letztendlich von ihrem Geliebten trennen, da er seine Ehefrau nie für sie verlassen wird.
7. Sie führte erneut ein Gespräch/einen Dialog mit ihrer besten Freundin.
8. Das rosa Kleid finde ich besser als das weiße.
9. Lies den Text und bereite als Einziger ein Referat zum Thema „Sturm und Drang“ vor.

Station 3: Gemischt – groß/klein?

Seite 11

Großschreibung (blau): mit Französisch, der Nächste, das gewisse Etwas, die Erste, viel Nützliches, jeder Achte, in Betracht kommen, das Grün, die Fünfzehn, zu ihrem Fünfzigsten, ihr lautes Lachen, Lübecker Marzipan

Kleinschreibung (grün): spanischen, wenige, am besten, halb zehn, vieles, eins, samstagnachmittags, kulinarische, bayerischen

Station 4: Gemischt – getrennt/zusammen?

Seite 12

1. Aufsehen erregen
2. sicher sein
3. dichthalten
4. mehrmals
5. fertig machen
6. Bauchtanzen
7. halbwegs
8. weiß anstreichen
9. gar nicht
10. vorwärtsgekommen
11. brandaktuell
12. leichter verdaulich
13. wie lange
14. zuhalten

Station 5: Kommasetzung wiederholen

Seite 13

Steven, ein amerikanischer Austauschschüler, kam für fünf Wochen in meine Klasse. Bereits am ersten Tag hatte er unter den Mädchen viele Groupies gewonnen. Die Anzahl seiner weiblichen Fans erhöhte sich, als diese erfuhren, dass er neben seinem guten Aussehen angeblich auch noch hervorragend singen könne. Steven erzählte, dass er schon im Alter von sechs Jahren mit dem Singen und dem Spielen von verschiedenen Instrumenten, insbesondere der Gitarre, angefangen habe. Natürlich bestanden alle darauf, dass er uns eine kleine Kostprobe von seinem Können gibt. In der großen Pause versammelte sich um ihn herum eine große Schülertraube, die gebannt auf die ersten Töne wartete. Steven, der eigentlich von seiner Statur her eher zierlich gebaut war, entpuppte sich als Rockröhre. Alle Schüler und sogar ein paar Lehrer klatschten und bejubelten seinen Kurzauftritt. Frau Meyer-Hagen, die als konservativ und streng gilt, fühlte sich in alte Zeiten versetzt und wippte mit dem Kopf im Takt. Nach der musikalischen Einlage kämpfte sich unser Musiklehrer Herr Geigemann durch die tobenden und applaudierenden Schüler und fragte Steven, ob er am Schulball, der jedes Jahr am Ende des Schuljahres stattfindet, auftreten möchte. Steven sagte zu. Die letzten Wochen waren sehr arbeits- und lernintensiv und vergingen wie im Flug. Endlich war das Ende des Schuljahres, dem die Schüler und auch Lehrer entgegenfieberten, da. Den Abschluss bildete der Schulball, auf den sich Steven mit drei Rocksongs längst vorbereitet hatte. Für ihn war es auch der vorletzte Abend vor seinem Rückflug nach Ohio. Mit Vorfreude, seine Familie wiederzusehen, und als Dankeschön für seine neuen Freunde in Deutschland, rockte er die gesamte Schulaula. Dafür erntete er viel Beifall, auch von Schülern, die sich eher der House- oder Hip-Hop-Szene verschrieben hatten.
Obwohl Steven ein talentierter Musiker ist, hat er schon längst beschlossen, dass er sein Hobby nicht zum Beruf machen möchte, sondern andere Ziele in seinem Leben anstrebt. Er will, soweit es im Rahmen seiner Möglichkeiten liegt, Medizin studieren und nach Afrika gehen, und zwar nach Botswana. Dort lebt ein Großteil der Bevölkerung mit der tödlichen Krankheit Aids. Bereits Säuglinge werden mit diesem Virus geboren, weil ihre Mütter infiziert sind. Doch egal[,] wohin es Steven auch ziehen mag, die Rockmusik wird ihn stets begleiten.

Station 7: Fehlern auf der Spur

Seite 16

Tante Heliodore und das Fußballspiel
Yannick ist bei Tante **Heliodore, der** Großtante seiner Mutter, zu Besuch. Er will unbedingt die **Fernsehübertragung** eines Fußballspiels sehen. Tante Heliodore stimmt dem Wunsch **seufzend** zu, denn sie interessiert sich nicht für diesen Mannschaftssport.
„Sag mal, Yannick, du kennst dich wirklich mit den Spielregeln aus? Bei so einem komplizierten Spiel wie **Fußball?“** – „Aber das ist doch gar nicht schwer, Tante Heliodore. **So etwas** lernt man doch schon in **der** Schule.“ – „Höchst erstaunlich! Wie sich doch die Zeiten geändert haben. Wir haben damals zum Beispiel gelernt, wer die Türken bei Wien geschlagen **hat“,** erinnert sich die Tante. „Ehrlich? Die Türken bei Wien? Wann soll denn das gewesen sein? Ich kann mich gar nicht erinnern, dass die im **Halbfinale** waren?“ Glücklich sagt Tante Heliodore: „Ein Leben lang habe ich darauf gewartet, dass mir jemand erklärt, warum da so viele Männer auf dem Platz **herumlaufen**.“ – „Also, pass mal auf, Tante Heliodore …“ – „Dieser junge Mann da, der **hat** jetzt den Ball und rollt ihn mit seinem Fuß.“ – „Ja, das ist der Mittelstürmer.“ – „Erklär **mir** doch bitte, Yannick, warum er den Ball nicht in die Hand nimmt. Ihn immer mit den Füßen **herumzukollern, das** muss doch **ziemlich anstrengend** sein. Ich stelle mir vor, ich müsste das …“ – „Aber Tante, wenn er das macht, dann gibt es **einen** Elfmeter!“ – „Elfmeter? Interessant! Was ist denn **das**?“ – „Beim Elfmeter darf der Spieler **aus** elf Metern Entfernung auf das Tor schießen.“ – „Na, das ist doch wohl keine **Schwierigkeit.** Da trifft er doch bestimmt. Der Ball soll doch in das Tor hinein, nicht wahr?“ – „Na ja, eigentlich schon, aber …“ – „Jetzt verstehe ich aber nicht, Yannick, warum der **Mann, der** da im Tor **steht,** den Ball nicht **hereinlässt**.“ – „Das ist der Torwart.“ – „Torwart? Dann soll der Ball wohl doch nicht in das Tor hinein?“ – „Tante Heliodore, für die eine **Mannschaft** soll er in das Tor, für die andere nicht.“ – „Aha! Und wo hat diese eine Mannschaft **ihren** Ball?“ – „Aber Tante, es gibt doch nur einen Ball im Spiel!“ – „Hm! Sie sind wohl zu arm, um **einen** zweiten Ball zu kaufen? Es wäre doch sinnvoll, wenn jede Mannschaft **ihren** Ball hätte.“ – „Beim Fußball gibt es nur einen Ball für zwei Mannschaften.“ – „Ich **lasse** mich ja gerne belehren.“ – „Was macht denn da der Mann mit der Pfeife? Der läuft ja nur herum und spielt **gar nicht** mit.“ – „Das ist der Schiedsrichter.“ – „Wie bitte? Ein Richter ist auch dabei?“ – „Ein Schiedsrichter, Tante Heliodore. Der pfeift das Spiel.“ – „Ein Richter! Und dann läuft er in **kurzen** Hosen herum. Und pfeift auch noch. Nein, so etwas!“ – „Aber Tante, das ist doch nur der Schiedsrichter.“ – „Richter bleibt Richter! Welcher von den Männern ist denn der Verbrecher?“ – „Warum soll denn einer ein Verbrecher sein?“ – „Aber Yannick, wo ein Richter ist, da ist auch ein Verbrecher nicht weit. … Jetzt hat dieser Richter **schon wieder** gepfiffen!“ – „Das war eine Ecke.“ – „Verstehe. Der Mann muss in der Ecke **stehen.**“ – „Nein, Tante Heliodore, eine Ecke wird dann gegeben, wenn der Ball neben **das** Tor geschossen wird.“ – „Lieber Yannick, irgendwie ist das alles ziemlich **konfus**. Der eine soll ins Tor schießen, aber der andere will das nicht. So ein armer Spieler muss einem doch **leidtun**. Schießt er ins Tor, dann ist ihm der Mann im Tor **böse**. Schießt er **daneben**, dann muss er in die Ecke. Und einen Richter haben **sie** auch schon gleich dabei. Äußerst unangenehm! Und so etwas **Merkwürdiges** gefällt den Leuten?“

Station 8: Spiel „Lektor gesucht!“

Seite 17

Satz	Lösung
Immer wieder von **Neuem** schilderte er dem Kommissar den Tathergang in allen Einzelheiten.	**Ja**
Bevor die Sängerin eintraf, mussten die Fans mit einer Vorgruppe **vorliebnehmen**.	**Ja**
Bis **heute** Mittag werde ich noch viel Interessantes vom Hochsitz aus beobachten.	**Ja**
Wir aßen, obwohl wir keinen Hunger hatten, den ganzen Teller leer.	**Nein**
Die alte Dame ist in ihrem Hof **schwer gefallen**.	**Ja**
Am **Samstagnachmittag** gegen fünfzehn Uhr trifft sich Lisa mit ihrem Freund.	**Ja**
Das Reisen wird immer einfacher und **bequemer**.	**Ja**
Im Hellen ist der Fleck kaum erkennbar.	**Nein**
Marie soll bis morgen einen zweiseitigen Aufsatz schreiben.	**Nein**
Sein Fuß schwoll an, nachdem er mit dem Snowboard gestürzt war.	**Nein**
Bei diesem schlechten Wetter mag ich **gar nicht** aus dem Haus gehen.	**Ja**
Im **Großen und Ganzen** sind sie mit der momentanen Wohnsituation zufrieden.	**Ja**
Der Bericht „Blaue Engel“, **geschrieben von Birte Mosch,** teilt meine Ansicht über die Arbeit der Polizei.	**Ja**
Eine schlechte Bezahlung ist aber nicht der **einzige** Nachteil.	**Ja**
Fachkenntnisse sind für **den Umgang mit Medien** von Vorteil.	**Ja**
Man kann kaum noch unterscheiden, **welche** Wörter aus dem Englischen stammen.	**Ja**
Durch den kontinuierlichen Gebrauch einer Sprache kann man sich immer **besser in** dieser unterhalten.	**Ja**
Lina hat in ihrer neuen Schule schon ein **paar** nette Bekanntschaften gemacht.	**Ja**
Felix hat beim Rennen einen guten Platz belegt, nämlich den fünften.	**Nein**
Er kam nicht **darauf, sich** zu entschuldigen.	**Ja**
Wir hatten keine Wahl, außer abzuwarten.	**Nein**
Tina mag sowohl Fisch als auch Fleisch. (Komma entfällt)	**Ja**
Das stimmt nicht, **dass** der Vogelstrauß nicht schnell laufen kann.	**Ja**
Schade, dass die Schulzeit doch sehr schnell vorbei ist.	**Nein**
Der Angeklagte versuchte[,] den Tathergang zu **schildern.**	**Ja**
Diesmal habe ich nichts zu den Äußerungen gesagt!	**Ja**
Irgendwie müssen die Biologen eine Lösung für dieses Problem finden.	**Nein**
Der Hund hat zweimal **in Folge** den Parcours abgebrochen.	**Ja**
Durch den vielen Medienkonsum werden besonders die Kinder stark **beeinflusst/geschädigt**.	**Ja**
Das Mädchen hatte schulterlange Haare und trug eine schwarze Sonnenbrille.	**Nein**

Station 2: Begriffe aus dem literarischen Bereich

Seite 22

① Innerer Monolog
② Pointe
③ Peripetie
④ Protagonist
⑤ Intention
⑥ Figurenkonstellation
⑦ Metrum
⑧ Lyrisches Ich
⑨ Erzählte Zeit
⑩ Epoche
⑪ Strophe
⑫ Epik – Lyrik – Dramatik

Station 3: Sprachlich-stilistische Mittel wiederholen

Seite 23

Individuelle Lösung; Kontrolle durch die Lehrkraft

Station 4: Lyrische Stilmittel wiederholen

Seite 24

- frische Früchte (**Alliteration**)
- Die Erbse hüpfte vom Teller. (**Personifikation**)
- Von diesem Moment an hatte sie eine rosarote Brille auf. (**Metapher**)
- Na wie? (**Ellipse**)
- Das Mädchen fühlte sich wie eine Prinzessin. (**Vergleich**)
- Dich sah ich am Fenster stehen. (**Inversion**)
- Ich könnte vor Hunger ein ganzes Pferd verschlingen. (**Hyperbel**)
- Sie weinte bitterlich. Sie weinte die ganze Nacht. (**Anapher**)
- schwarzer Schnee (**Oxymoron**)
- Sie sahen traurig in den Himmel. Die Wolken bildeten ein Kreuz. (**Symbol**)
- Die sanften Regentropfen schmeckten salzig. (**Synästhesie**)
- Spricht der Mann am Nebentisch auch deutsch? (**rhetorische Frage**)
- Er sucht nach Geborgenheit. Sie gibt ihm Geborgenheit. (**Epipher**)
- Sie flogen höher, schneller und weiter. (**Klimax**)

Station 5: Sprachlich-stilistische Mittel im Gedicht

Seite 25

Lösungsbeispiele:
Rhetorische Frage (V. 1–4), Enjambement (V. 3–4), Symbol (V. 9 Vogel = Freiheit), Metapher (V. 16), ungewöhnlicher Satzbau (V. 19), Wiederholung (V. 20–21), Ellipse (V. 25–27), Rahmen (1. und 4. Strophe bilden inhaltlich und formal einen Rahmen; Beantwortung der rhetorischen Frage)

Station 7: Erzählperspektive erkennen

Seite 28

Text 1: Ich-Erzähler; Ich-Erzählperspektive
Ich-Form; erlebendes Ich; die Perspektive beschränkt sich auf Erlebnisse und Beobachtungen einer handelnden Person

Text 2: Auktorialer Erzähler; Er-/Sie-Erzählperspektive
Der Erzähler hat das gesamte Geschehen im Blick; er kann sich in Gedanken und Gefühle der Personen/Figuren hineinversetzen; er verwendet Vorausdeutungen und/oder Kommentare

Text 3: Personaler Erzähler; Er-/Sie-Erzählperspektive
Es wird die Innenperspektive einer Figur geschildert; der Erzähler kennt nur die Gefühle und Gedanken seiner Figur

Station 8: Textsorte erkannt?

Seite 29

Text 1: **Sage** (erzählte Wirklichkeit, die mit fantastischen Elementen verbunden wird; Bindung an Personen, Ort und Zeit)

Text 2: **Glosse** (Äußerungen sind ironisch, übertrieben, spöttisch; Hinweis auf Missstände; Meinung des Autors wird deutlich)

Text 3: **Drama** (Dialogform, Handlung entfaltet sich durch Gespräche; vorgegebene Rollen)

Text 4: **Sportreportage** (sachliche Informationen werden mit lebendigen und anschaulichen Einzelbeobachtungen aus persönlicher Sicht des Journalisten gemischt; Verwendung von Alltagssprache, Interviewteilen, Zitaten)

Text 5: **Kurzgeschichte** (eine bestimmte Person steht im Mittelpunkt der Handlung; Wendepunkt im Leben dieser Person findet statt; offener Schluss, der zum Weiterdenken anregen soll)

Station 1: Praktikumsplatz suchen

Seite 32

Individuelle Lösung; Kontrolle durch Vortrag vor der Klasse

Station 2: Bewerbungsanschreiben

Seite 33

Markus Bloch
Am Schlosspark 18
12345 Rosenbach

Rosenbach, 14. Juli 2011

Restaurant „Drei Kochlöffel"
Herrn Karl König
Rathausgasse 5
23457 Bernhausen

Anrede

Bewerbungstext mit folgenden Inhalten:
- Berufsberatung des Arbeitsamtes hat über Stelle informiert
- Ausbildungsplatz als Koch
- Besuch der Kästner Gesamtschule in Rosenbach
- Realschulabschluss voraussichtlich im Sommer 2012
- dreiwöchiges Praktikum Autobahnraststätte im Februar 2010
- zwei Kochwettbewerbe mit dem Kochkurs der Kästner Schule gewonnen
- Teilnahme an einem Kräuterkundekurs der VHS im August 2010
- Vater in der Metzgerei bei der Wurstherstellung helfen
- Freizeitgestaltung: Kochbücher lesen

Einladung zu einem Vorstellungsgespräch

Grußformel

Markus Bloch

Anlagen:
- Lebenslauf mit Bewerbungsfoto
- Zeugniskopien
- Bescheinigungen

Station 3: Lückenloser Lebenslauf

Seite 34

Individuelle Lösung; Kontrolle durch die Lehrkraft

Station 4: Online-Bewerbung — Seite 35

1. 1) falsch, 2) richtig, 3) falsch, 4) richtig, 5) falsch, 6) falsch, 7) richtig, 8) falsch
2. – Bewerbung um einen Ausbildungsplatz: Beruf fehlt
   – E-Mail-Adresse unpassend
   – Uhrzeit unpassend
   – Anrede: Ansprechpartner namentlich erwähnen
   – nach Anrede und Komma Kleinschrelbung
   – Anredepronomen großschreiben
   – „an einem sonnigen Samstag" unwichtig; genaues Datum der Anzeige nennen, Tippfehler beim Datum
   – Tätigkeitsbereiche benennen
   – berufsbezogene Freizeitbeschäftigung nennen, nicht Formulierung „Computerspiele spielen"
   – Bitte um ein Vorstellungsgespräch umformulieren
   – Smiley entfernen
   – Grußformel wählen
   – Name ausschreiben

Station 5: Besser formuliert! — Seite 36

Lösungsvorschläge:

① Da ich mich für neue Aufgaben begeistern kann und mich weiterentwickeln möchte, würde ich mich über Möglichkeiten und Angebote zur Weiterbildung freuen.
② In meiner Freizeit erweitere ich meine Computerkenntnisse im Umgang mit Programmen wie Word, Excel und Power Point.
③ Da ich ein zweiwöchiges Praktikum als Maler und Lackierer absolviert habe, konnte ich bereits erste Erfahrungen in diesem Berufsfeld sammeln.
④ Ich konnte bereits Einblicke in den Beruf des Kfz-Mechatronikers gewinnen, die mich in meinem Berufswunsch bestärkten.
⑤ In meiner Freizeit lese ich gerne Krimis oder fahre mit dem Roller, den ich auch selbst repariere.
⑥ Mein laut Zeugnis ungenügendes Sozialverhalten beruht auf einem einmaligen Fehlverhalten.
⑦ Über eine Einladung zu einem Vorstellungsgespräch würde ich mich sehr freuen.

Station 6: Bewerbungen auswählen — Seite 37

Fehler bei der ersten Bewerbung:
– In welcher Zeitung stand die Anzeige?
– Wann stand die Anzeige in der Zeitung?
– Kontaktanzeigen und Sportteil unwichtig
– Fußballfan als Begründung unwichtig
– verbesserte Formulierung: Ich würde mich freuen, wenn ich mein Praktikum bei Ihnen absolvieren könnte.

Fehler bei der dritten Bewerbung:
– Eigenständigkeit bei der Suche nach einem Ausbildungs- oder Praktikumsplatz zeigen
– frühzeitige Suche
– ernsthaftes Interesse an dem Ausbildungs- oder Praktikumsberuf zeigen (keine Notlösungen)
– Gewinn des Preisausschreibens unwichtig
– verbesserte Formulierung: In der Rechtschreibung bin ich sicher und ich kann mich auch angemessen ausdrücken.
– Einladungswunsch umformulieren

Die zweite Bewerbung ist inhaltlich und formal am besten gelungen.

Station 7: Stellenanzeigen genau lesen! — Seite 38

Individuelle Lösung; Kontrolle durch Vortrag vor der Klasse

Station 1: Interview durchführen

Seite 41

Lösung individuell, dabei allgemeine Kriterien berücksichtigen:
- Begrüßung
- Kennzeichnung der jeweiligen Sprecher
- Abstimmung von Fragen und Antworten (wörtliche Rede, Dialogform erkennbar)
- Thema erwähnen und weiter ausführen
- Schlussformel

Station 2: Ein Bild dialogisieren

Seite 42

Lösung individuell, dabei allgemeine Kriterien berücksichtigen:
- Begrüßung
- Sprecher kennzeichnen
- Thema / Problematik / Situation benennen
- Eingehen auf Argumente des Dialogpartners
- Abstimmung von Fragen und Antworten (wörtliche Rede, Dialogform erkennbar)
- abschließende Bemerkung
- Verabschiedung

Station 3: Inneren Monolog schreiben

Seite 43

Lösung individuell, dabei allgemeine Kriterien berücksichtigen:
- Ich-Form
- Verwendung von rhetorischen Fragen
- unstrukturierte Gedanken, Abreißen von Gedanken
- Gefühlslage deutlich im Vordergrund (Angst, Aufregung, Verzweiflung)
- Verwendung von Ausrufen (Oh nein!)

Station 4: Tagebucheintrag verfassen

Seite 44

Lösung individuell, dabei allgemeine Kriterien berücksichtigen:
- Ort, Datum, Anrede (Liebes Tagebuch, …)
- Ich-Form
- Zeitform meist Präteritum
- Einleitung stellt Bezug zur erlebten Situation her (Bezug zur Textgrundlage)
- anschaulich schreiben (Adjektive), ausführlich über Gedanken und Gefühle sprechen
- Verabschiedung / Schlussformel

Station 5: Brief formulieren

Seite 45

Lösung individuell, dabei allgemeine Kriterien berücksichtigen:
- Ort, Datum, Anrede (Liebe, Lieber, …)
- Ich-Form
- Anlass des Briefes / Aufgreifen der Thematik
- Informationen im Text berücksichtigen
- Meinungen, Gefühle schildern
- Schlussformel
- Unterschrift

Station 6: Ein Gedicht sprachlich modernisieren

Seite 46

Thema: Liebe, Freude auf das Treffen mit der Geliebten, Abschiedsschmerz
Reimschema: a b a b c d c d, Kreuzreim

Lösungsvorschlag:

Hallo und Tschüss

Mein Herz schlug mir bis zum Hals.
Konnte nicht mehr klar denken;
Ich wusste nur, heute Nacht „knallt's";
Mein Herz wollte ich aber nicht verschenken.
Schon standen meine Jungs vor der Tür,
Sie hatten große Erwartungen in ihren Gesichtern stehn.
Wir zogen in die Disco auf ein paar Bier;
Gemeinsam werden wir bestimmt nicht nach Hause gehn.

Um drei Uhr ging unerwartet die Musik aus,
Jemand schaltete auch das grelle Licht an,
Die Partygäste schwankten langsam zum Eingang raus.
An meine Schulter lehnte sich plötzlich ein Mädchen an;
Die Disco würde ihre Pforten zwar gleich schließen,
Doch für mich war die Nacht noch jung,
Zumal ich begann, die spontane Bekanntschaft zu genießen;
Ich hatte noch ganz schön viel Schwung.

Station 7: Lyrik szenisch interpretieren

Seite 47

Lösungsvorschlag:

Frau: „Irgendeiner muss ja das Eis brechen. Hast du mir nach den acht Jahren nichts mehr zu sagen?"
Mann: „Doch, eine ganze Menge. Leider haben wir es nicht geschafft, früher miteinander zu sprechen. Wir müssen immer sofort über unsere Probleme reden und nicht erst abwarten, bis es zu spät ist."
Frau: „Ja, Kommunikation ist in einer Beziehung das Wichtigste. Denkst du, dass wir unsere Probleme lösen und unserer Liebe eine neue Chance geben können?"
Mann: „Ja, aber wir müssen ehrlich miteinander sein und vor allem dem Partner neues Vertrauen schenken."
Frau: „Besonders Treue und Aufrichtigkeit haben wir in unserer Beziehung nicht ernst genommen. In Zukunft müssen wir direkter und offener miteinander über sich ergebende Probleme reden und uns langsam wieder annähern."
Mann: „Ich denke auch, dass wir Zeit brauchen, um unsere Beziehung wieder aufzubauen. Wir werden noch einige Gespräche führen müssen."
Frau: „Dann lass uns versuchen, unserer Liebe noch eine letzte Chance zu geben." (...)

Grundsätzlich:
Der Dialog soll erkennen lassen, dass viele Probleme in einer Partnerschaft/Liebesbeziehung durch eine offene Kommunikation der Partner miteinander gelöst werden können. Zudem soll die positive Fortsetzung der Beziehung verdeutlicht werden.

Station 8: Lyrische Kleinformen wiederholen

Seite 48

Lösungsvorschläge individuell

Haiku:
Z. 1 (5 Silben), Z. 2 (7 Silben), Z. 3 (5 Silben)

Tanka:
Oberstrophe
Z. 1 (5 Silben), Z. 2 (7 Silben), Z. 3 (5 Silben)
Unterstrophe
Z. 4 (7 Silben), Z. 5 (7 Silben)

Elfchen:
Z. 1 (1 Wort = Thema, Farbe), Z. 2 (2 Wörter = über Mensch, Tier, Pflanze, Dinge ...), Z. 3 (3 Wörter = wesentliche Aussage darüber), Z. 4 (4 Wörter = persönliche Aussagen mit „Ich ..."), Z. 5 (1 Wort = Schlussgedanke)

Rondell:
Z. 1 (Aussage), Z. 2 (Rondellsatz), Z. 3 (neue Aussage), Z. 4 (Rondellsatz wiederholen), Z. 5 (neue Aussage), Z. 6 (neue Aussage), Z. 7 (Rondellsatz wiederholen), Z. 8 (neue Aussage)

Akrostichon (zum Beispiel):
L eidenschaft
I ntimität
E he
B egierde
E ins sein

Station 1: Tagesbericht

Seite 49

Was nicht in den Tagesbericht gehört:

- Heute Morgen bin ich fast zu spät zur Praktikumsstelle gekommen, nur weil mein Wecker, den ich mir erst neu gekauft habe, nicht geklingelt hat.
- ... ziemlich verkrusteten ...
- ..., die ganz schön Gewicht hatte.
- Wenigstens gibt das muskulöse Oberarme.
- ..., obwohl Schreiben nicht meine Lieblingsbeschäftigung ist, ...
- Übrigens, warm schmecken diese besonders lecker.
- ... mit der Bahn ...

Station 2: Tätigkeiten mit Fachbegriffen beschreiben

Seite 50

Fachbegriff	Ausbildungsberuf
stornieren	Reiseverkehrskaufmann
dressieren	Fleischer
tränken	Tierpfleger
blanchieren	Koch
polieren	Goldschmied

Fachbegriff	Ausbildungsberuf
zentrieren	Augenoptiker
servieren	Restaurantfachmann
analysieren	Chemielaborant
kondolieren	Bestattungsfachkraft
keilen	Forstwirt

Station 3: Form und Sprache des Stundenprotokolls

Seite 51

Formfehler und fehlerhafte Formulierungen:

- genaue Klassenbezeichnung notwendig
- Stundenbeginn fehlt
- Name Protokollführer/in fehlt
- Verlauf der Unterrichtsstunde, da es ein Verlaufsprotokoll ist und kein Ergebnisprotokoll
- erster Satz unwichtig: „Zu Beginn der Stunde kam Frau Roth-Kaufmann ...“
- Weglassen der Sätze: „Fast alle, bis auf Saskia, ...“ „Das war vielleicht peinlich!“ Nicht kommentieren!
- neutrale Formulierung (anstatt „Thorsten gibt“ „Man gibt etwas von der Zitronenlösung ...“) und keine Ich-Form
- keine Bewertung: „ziemlich kleine Becherglas“
- Erklärung fehlt: Warum darf das Papier nicht zu stark erhitzt werden?
- Bemerkung weglassen: „Bei uns leider nicht, denn Max hielt das Papier zu lange in die Flamme.“
- Unterschrift Protokollant/in fehlt

Station 4: Gitternetz zum Protokoll

Seite 52

Waagrecht:

- Objektivität (keine eigene Meinung oder Wertung äußern, sondern sachlich, präzise und knapp formulieren)
- Ergebnis (besonders ein Ergebnisprotokoll hält Beschlüsse und Ergebnisse eines Gesprächs unabhängig von dessen Verlauf fest)
- Stichpunkte (notwendige Informationen stichwortartig mitschreiben)
- Unterschrift (der Protokollant bestätigt damit die Richtigkeit seiner Ausführung)
- Kopfzeile (enthält Datum, Ort, Dauer, Anwesende, Abwesende, Protokollant und Thema bzw. Tagesordnungspunkte)
- Verlauf (besonders bei einem Verlaufsprotokoll wird der Gesprächsverlauf zusammenfassend wiedergegeben)
- Gliederung (die Wiedergabe der mitgeschriebenen Stichworte erfolgt in der Reihenfolge z. B. des Stundenverlaufs oder der Tagesordnungspunkte)

Senkrecht:

- Erinnerung (ein Protokoll soll als Erinnerungshilfe für Teilnehmer einer Veranstaltung oder für Schüler dienen, da über das Wichtigste informiert wird)
- Wörtliche Rede (Redebeiträge werden nicht in wörtlicher Rede wiedergegeben, sondern z. B. in indirekter Rede)
- Thema (wird bereits in der Kopfzeile genannt)

Station 5: Textaufgaben zu einem Sachtext

Seite 53

1. Theorie:
Die Zimbern sind die letzten Nachfahren der Kimbern, die gemeinsam mit den Teutonen im 2. Jahrhundert v. Chr. in Italien einfielen und vernichtend geschlagen wurden.

2. Theorie:
Die Zimbern sind nach der Theorie von Bruno Schweizer (1948 begründet) die letzten Nachfahren der Langobarden. Wahrscheinlicher ist aber, dass sie aus Bayern eingewandert sind (bewiesen durch Nachtrag von 1050, Bayerische Staatsbibliothek).

3. Theorie:
Im 12. Jahrhundert führte das Bevölkerungswachstum in Bayern dazu, dass ganze Sippschaften keine Existenzgrundlage hatten und somit auswanderten (zimbrische Sprachinseln).

Warum sollte das Zimbrische gepflegt werden?
Das Zimbrische ist ein uralter deutscher Dialekt und der deutschen Sprache somit ähnlich. Würde man die zimbrische Sprache nicht erhalten, dann stürbe sie irgendwann aus. Es zeigt weiter eine Verbundenheit zwischen den Ländern (Deutschland und Italien). Zudem gibt es Fernsehprogramme in zimbrischer Sprache. Diese würde keiner mehr verstehen, wenn diese Sprache nicht gepflegt würde.

Station 6: Karikatur verstehen und deuten

Seite 55

Kontrolle der Lösung durch die Lehrkraft.

Dargestellte Problematik der Karikatur sollte erkannt werden:
Gefahren bei der Internetnutzung; indirekte/„anonyme" Kommunikation kann negative Folgen haben; vorsichtiger Umgang mit den neuen Kommunikationsmedien

Station 7: Bezug zwischen Text und Karte

Seite 56

Kontrolle der Lösung anhand der Karte und Vortrag vor der Klasse.

Route:
Start: Stettin – Pasewalk – Neubrandenburg – Waren am Müritzsee – Parchim – Dömitz – mit Fähre über Fluss – Dannenberg – Uelzen – Braunschweig – Salzgitter – Goslar – Göttingen – Kassel – Ziel: Bad Wildungen

Station 8: Umwandlung – Text in Schaubild

Seite 58

Überschrift des Säulendiagramms: „Jährlicher Pro-Kopf-Verbrauch Seife"
x-Achse: Länder (Großbritannien, Dänemark, Niederlande, Deutschland)
y-Achse: Grammzahl Seife (in 100er-Schritten eingeteilt; 1 cm = 100 g)

Station 1: Pro und Kontra — Seite 59

Lösungsvorschlag These 1:
Pro: nicht an Ausleihbedingungen (Öffnungszeiten, Fristen, ...) gebunden; 24 Stunden abrufbar
Kontra: Nicht jedem ist der Zugang möglich.

Lösungsvorschlag These 2:
Pro: dem Bewegungsmangel bei Kindern und Jugendlichen entgegenwirken
Kontra: Stundenanzahl anderer Fächer muss gekürzt werden.

Lösungsvorschlag These 3:
Pro: Emotional und sozial nicht gefestigte Persönlichkeiten sind stärker betroffen.
Kontra: Nicht jeder, der Medien konsumiert, ist gewalttätig. (zu pauschal)

Station 2: Passende Argumente finden — Seite 60

1a, 2a, c, 3c, 4a

Station 3: Standpunkte analysieren — Seite 61

Lösungsvorschlag für eine These: Nicht korrektes Zitieren ist strafbar!
Herr X: stellt sich auf die Seite des Opfers/Betroffenen und beurteilt den Vorfall als Intrige
Herr Z: beurteilt den Vorfall als vorsätzliches, kriminelles Handeln des Opfers/Betroffenen
Herr Y: entschuldigt den Vorfall/das Verhalten als menschlichen Fehler, der einfach passieren kann; dennoch sympathisiert er nicht mit dem Opfer

Station 4: Standpunkte vertreten — Seite 62

Lösung individuell; Kontrolle durch Rollenspiele vor der Lerngruppe

Station 5: Fehlerhafter Leserbrief — Seite 63

Äußerungen, die zu überarbeiten wären:
moderne Verrücktheiten, unvernünftige Eltern,
... sind solche Experimente nicht eher für Zuchtvieh geeignet?,
schamlose Weise, Rabeneltern, verantwortungslose Experimente, solche Leute

Station 6: Leserbriefe vergleichen — Seite 64

Lösungsvorschlag erster Leserbrief: Verbot wird als lächerlich angesehen, weil Orgelspielen keine körperliche Anstrengung sei

Lösungsvorschlag zweiter Leserbrief: gesteht zu, dass Gesetze frei ausgelegt werden können; gegen zu starre Gesetzestreue/Normenzwang

Station 7: Einen Leserbrief schreiben — Seite 65

Lösung individuell; Kontrolle durch Vortrag vor der Klasse

Quellennachweis

Textquellen

Domin, Hilde: Unaufhaltsam.
Aus: Hilde Domin: Gesammelte Gedichte. S. Fischer Verlag, Frankfurt am Main 1987

Goethe, Johann Wolfgang von: Willkommen und Abschied.
Aus: Johann Wolfgang von Goethe: Sämtliche Werke in vierzig Bänden. Band 1.
Deutscher Klassiker Verlag, Frankfurt 1988

Kästner, Erich: Sachliche Romanze.
Aus: Erich Kästner: Lärm im Spiegel. Atrium Verlag, Zürich 1929

Textauszug Richard Leander: Von Himmel und Hölle.
Aus: Paul Schlingensiepen [Hrsg.]: Was trage ich vor? Aussaat-Verlag, Barmen 1929

Textauszug Maurice Maeterlinck: Prinzessin Maleine.
Aus: Maurice Maeterlinck: Prinzessin Maleine. Verlag Eugen Diederichs, Leipzig 1902

Textauszug Karl May: Durch die Wüste.
Aus: Karl May: Durch die Wüste. Karl May-Verlag, Bamberg 1952

Textauszug Heinz-Lothar Worm: Schulzes Anna.
Aus: Heinz-Lothar Worm: Schulzes Anna. Brunnen Verlag, Gießen 2005 (2. Aufl.)

Textauszug: Schloss in Darmstadt.
Aus: Willi Heun / Heinz Obermann [Hrsg.]: Hessisches Sagenbuch. Gemeinschaftsverlag
Elwert / Marburg und Westermann / Braunschweig 1953

Bildquellen

Eistauchen: Verlagsarchiv

Goethe: http://de.wikipedia.org/w/index.php?title=Datei:Goethe_%28Stieler_1828%29.
jpg&filetimestamp=20110619171809 [Stand 15.08.2011]

Hände waschen: Reichert © fotolia.com [Stand 13.09.2011]

Karte Europa: http://de.wikipedia.org/w/index.php?title=Datei:Europe_countries_map_de.
png&filetimestamp=20080612083601 [Stand 15.08.2011]

Kästner-Briefmarke: http://de.wikipedia.org/w/index.php?title=Datei:Stamp_Emil_und_die_
Detektive.jpg&filetimestamp=20070210172810 [Stand 15.08.2011]

Thema 2: Beruf Bäcker/-in – Zuckerschlecken oder kleine Brötchen backen?

„Sag mal, Stefan, willst du wirklich Bäcker werden?"
„Warum fragst du denn so, ... so abwertend?"
„Reicht es denn bei dir nicht zu mehr? Hast du das denn nötig?"
„Du, ich möchte gerne eine Bäckerlehre machen. Ich habe mir das schon seit Langem gewünscht."
„Weißt du denn, auf was du dich da einlässt? Ich meine, ... hast du dir überlegt, dass du abends dann früh schlafen gehen musst, dass du dann nicht in die Disco kannst oder sonst wohin? Und mitten in der Nacht schon aufstehen, willst du das wirklich?"
„Das macht mir alles nichts aus. Ich bin sowieso ein Frühaufsteher. Und außerdem: Manchmal hat man ja auch seinen freien Tag. Da kann man dann abends auch länger aufbleiben. Es gibt doch auch viele Vorteile, wenn man Bäcker ist."
„Meinst du? Ich wüsste nicht ..."

Handwerkskammer Hannover

Bäcker/-in

Bäcker/-innen stellen Brot, Kleingebäck, Feinbackwaren, Torten und Desserts sowie Backwarensnacks her.

Bäcker/-innen arbeiten hauptsächlich im Nahrungsmittelhandwerk. Beschäftigung finden sie auch in Spezial- und Diät-Bäckereien sowie in der Gastronomie und im Catering.

In handwerklichen Bäckereien sind sie vorwiegend in Backstuben beschäftigt, in denen noch nach alter Tradition viel von Hand hergestellt wird. Vor allem in kleineren Bäckereien bieten sie die Backwaren im Verkaufsraum an. Wenn zur Backstube ein Café gehört, bedienen und bewirten Bäcker/-innen dort teilweise auch die Gäste. Das Ausfahren der Backwaren auf Bestellung gehört manchmal ebenfalls zu ihren Aufgaben.

Die Ausbildung im Überblick

Bäcker/-in ist ein anerkannter Ausbildungsberuf nach dem Berufsbildungsgesetz (BBiG) und der Handwerksordnung (HwO).

Der Monoberuf wird ohne Spezialisierung nach Fachrichtungen oder Schwerpunkten in Industrie und Handwerk ausgebildet.

Die Ausbildung dauert 3 Jahre.

Ausbildungsvergütung

1. Lehrjahr: 380 €
2. Lehrjahr: 470 €
3. Lehrjahr: 580 €